CÓMO EDUCAR A UN
EINSTEIN

CÓMO EDUCAR A UN EINSTEIN

*Seis pasos para despertar **el genio** en tus estudiantes*

ERIKA TWANI

A todos los estudiantes.
Hay esperanza de un mundo mejor, y está en sus manos.

A Greg Butler, amigo y fuente de sabiduría que ya no está con nosotros.
Te hubiera encantado lo que hay en este libro.

A mi mejor amigo y esposo, Brian,
con quien la vida es la aventura perfecta.

ÍNDICE

ÍNDICE

PRÓLOGO

"*Era el mejor de los tiempos y era el peor de los tiempos . . .*" Esa famosa oración, que abre la *Historia de dos ciudades* de Charles Dickens, publicada en 1859, es una paradoja en la que seguimos viviendo. Describe a la vida misma. Al explorar la actualidad de esta paradoja en esta década, Erika Twani nos empuja a pensar. Es el mejor de los tiempos, como lo prueban los notables desarrollos tecnológicos que han enriquecido nuestras vidas de maneras que ni podríamos haber imaginado, y que continuarán haciéndolo por años. Pero también puede ser el peor de los tiempos si nos congelamos frente a estos avances tecnológicos e ignoramos el mensaje de que la educación de nuestros hijos debe evolucionar.

Como para muchos maestros, mi aspiración siempre ha sido la de contribuir al éxito y a la felicidad de mis estudiantes, ayudándoles a hacer aquello que aman. Me hubiera encantado ser la maestra de Albert Einstein. ¿Qué podría describir mejor mi impacto e influencia en el mundo que haber sido la maestra de alguien que contribuyó tan significativamente a nuestra comprensión de cómo funcionan las fuerzas del mundo? También me hubiera encantado haber sido la maestra de Wolfgang Amadeus Mozart. Aunque genios de ese tipo son poco comunes, después de más de 30 años enseñando a personas de todas las edades, he llegado a apreciar a muchos científicos, artistas u otros que, a través de nuestra relación de aprendizaje, han encontrado al genio en su interior. La obra de Erika definitivamente suma y complementa mi trabajo en torno al aprendizaje personalizado y los hábitos de la mente.

Al leer este libro, comprenderás qué enseñanza es esencial para equipar al estudiante del siglo XXI. Erika nos ayuda a comprender la historia del desarrollo de la inteligencia artificial y las muchas maneras en las que ya está en nuestras vidas—para bien o para mal—. Ella nos ayuda a ver el equilibrio entre la inteligencia artificial y la inteligencia biológica, que raramente discutimos en el mundo de la educación.

Con gran claridad, Erika provee una descripción fácilmente comprensible sobre cómo funciona el cerebro y muestra la relación entre lo que puede hacer la inteligencia artificial y lo que puede hacer la inteligencia biológica, y cómo una puede potenciar a la otra. Mientras leía este libro, yo reflexionaba constantemente sobre la paradoja de que la tecnología puede ser una fuente de destrucción y temor o una fuente de empoderamiento para construir el futuro con más propósito. Yo, como Erika, elijo la segunda opción, y el resto de este libro proporciona los distintos pasos de ese camino.

A través de muchos ejemplos prácticos, Erika pide a los lectores que se desafíen a sí mismos a actuar para crear un ambiente centrado en las personas en el que los estudiantes estén profundamente comprometidos e involucrados en sus experiencias. Nos muestra por qué los estudiantes necesitan tener control sobre sus elecciones y por qué deben descubrir (y buscar hacer realidad) sus sueños y aspiraciones de manera clara y práctica. Tienen que reconocer que el conocimiento es solo "poder potencial". Se convierte en "poder" para los estudiantes cuando tiene un propósito con un fin determinado para su aplicabilidad.

Al hacer todo esto, Erika brinda una visión sobre qué significa ser un maestro en el siglo XXI. Comprender y poner en práctica el abordaje de Erika puede ser una tarea desafiante para quienes han estado enseñando por muchos años. Sin embargo, ella logra simplificar una metodología profunda y compleja que hace honor a las necesidades del estudiante del siglo XXI: relaciones, autonomía y compromiso. Nos recuerda que el papel del maestro es el de un tutor que proporciona permanentemente retroalimentación y aliento para persistir.

~DRA. BENA KALLICK

INTRODUCCIÓN

"Si no somos nosotros, ¿entonces quién?
Si no es ahora, ¿entonces cuándo?"

Eran las 2 de la mañana de un día de semana. Con mi decimosegunda taza de café del día, trabajaba sobre código COBOL después de estudiar lo básico sobre bases de datos relacionales usando un libro de texto que había sacado de la biblioteca. Para aquellos que no saben mucho de COBOL, era un lenguaje de computadoras centrales muy utilizado en el siglo pasado. Sí, así de viejo. Tenía que escribir el código en papel y después perforar varias tarjetas del tamaño de boletos de lotería. Al día siguiente llevaría las tarjetas al laboratorio donde estaba la computadora central para procesarlas y esperar que el código funcionara.

A las 2 de la mañana, la casa estaba en silencio. Escuchaba pasar a uno o dos autos en la calle principal y a los grillos cantando en disonancia. Mi cuerpo tenía muchas ganas de dormir, como cualquier ser humano. El café era mi mejor amigo para ayudarme a mantenerme despierta cada noche. Los días comenzaban a las 6 de la mañana y duraban hasta las 3 de la madrugada siguiente para que yo pudiera trabajar, asistir a la universidad y completar mis tareas. Estaba en mi cuarto semestre de un título de grado de ingeniería de software. Me había preguntado muchas veces si debía seguir adelante o abandonar.

Esa noche, después de un trago más de café, empecé a vomitar sin parar. Primero la comida que había comido el día interior. Después solamente los jugos digestivos que libera el estómago cuando hay comida para procesar. Pero ya no había qué procesar. Sentía que mi cuerpo quería purgar toda la cafeína que quedaba en él, como si estuviera intentando bombearla desde mi flujo sanguíneo, sin éxito. Terminé en una sala de emergencia y allí me quedé todo el día siguiente. Después de varias rondas de fluidos intravenosos, el médico me dejó ir solo después de prometerle que no me acercaría al café por un buen tiempo.

Mantuve la promesa. No toqué el café por 10 años. Pero igual debía mantenerme despierta cada día hasta las 3 de la mañana. Así que me pasé al té negro, a la Coca-Cola y al Guaraná—una fruta del Amazonas llena de cafeína—y seguí adelante en mi camino para graduarme de la universidad mientras trabajaba. ¡No les recomiendo probar estas bebidas ni cualquier otro estimulante! Hoy organizaría mi vida de una manera completamente distinta para poder cumplir con todas las demandas de la vida y mantenerme saludable al mismo tiempo.

Esta experiencia me sirve para pensar en cómo están lidiando hoy los jóvenes con la universidad y la presión de ser exitosos, dada la competitividad permanente de la vida moderna. Recomiendo el documental de la directora Alison Klayman *Tómese la pastilla*, de 2018. Muestra la dura realidad actual de estudiantes y jóvenes profesionales. Me pregunto si yo estaría tomándome esas pastillas, tragándolas con Red Bull, de estar hoy en la universidad.

La pasé pésimo en mis años universitarios. Tener altos niveles de estrés era la norma: cuentas a pagar, cursos en los que debía sobresalir, trabajos a entregar, clientes a los que debía sonreír, horas en buses atiborrados de gente, calles oscuras a cruzar en medio de la noche y así sucesivamente. Tenía mucho de qué preocuparme: ¿me quedaría dinero para comer? ¿Llegaría tarde el bus? ¿Me atacaría alguien en las calles oscuras? ¿Compraría algo ese cliente? ¿Lograría sobrevivir a esta pesadilla? ¿La vida seguiría siendo así de dura? Mi familia siempre me había dicho que el único camino para salir de la pobreza era estudiar—y estudiar mucho–.

La pobreza es humillante. Crea un temor permanente al fracaso, te genera la sensación de dudar de que la estrategia para escapar de ella funcione. Pero como era mi única opción, aprendí a soportarlo, a seguir dentro del sistema, a jugar el juego, a hacer lo que fuera que me pidieran los profesores y avanzar con honores y por delante de los demás. Al final de cuentas, me habían enseñado una y otra vez que solo unos pocos elegidos podrían llegar al nivel más alto en la vida, así que mis calificaciones tenían que ser mejores que las de los demás.

Comenzaba cada semestre lista para esforzarme al máximo para llegar lo antes posible al final del túnel, allí donde la luz definitivamente debía ser más brillante que la oscuridad en la que vivía. Lo mejor de la universidad fue que hice grandes amigos para el resto de la vida. Los vi atravesar las mismas dificultades que yo. Estoy segura de que la mayoría de los lectores podrán identificarse con esta historia. La mayoría de la población del mundo viene de comienzos humildes y estresantes. Estoy casi segura de que tú también escuchaste que tenías que estudiar mucho, que estudiar es el único camino para ser exitoso en la vida y que, por lo tanto, tomaste un camino parecido a través del sistema educativo.

Pero las cosas no habían sido siempre así. Me divertí mucho hasta el octavo grado. A los seis años aprendí a leer y hacer cálculos; en la escuela me evaluaron y me "ascendieron" al tercer grado a los siete años. Los chicos grandes de nueve años me asustaban mucho y no podía dejar de llorar, así que la escuela me bajó a segundo grado, pero definitivamente no a primer grado. La escuela era divertida y me interesaba aprender. Leía muchos libros, hacía deportes, tocaba un instrumento en la banda y trabajaba para el periódico mensual de la escuela. Era tan rápida para aprender matemáticas que mi maestra me entretenía con los temas del grado siguiente para mantenerme ocupada y asegurarme de que dejara a los demás niños en paz.

En esa época, algunos niños encontraron una razón para hacerme *bullying*: mis grandes orejas. Me llamaban Dumbo. Yo justificaba mis orejas de tamaño superior como una ventaja personal que me ayudaba a tocar la guitarra y el piano sin tener que leer música. Sí, hasta podía tocar música clásica de oído, pero sobre todo tocaba *pop*. Yo les decía a los niños que tenía un oído de gran precisión, pero entre tú y yo, la verdadera razón era mi incapacidad de leer música.

Y luego, por alguna razón, todo cambió en el bachillerato. De pronto lo único que importaba eran los exámenes y el ingreso a la universidad. Me inundaban con materias que nunca usaría en mi vida—muchas tonterías–. Al final de mi último año en el bachillerato teníamos que regurgitar todo lo que, en teoría, habíamos aprendido en nuestras vidas hasta ese momento. Fue el comienzo del sufrimiento de la universidad: la lucha para conseguir un pedazo de papel, un certificado que comprobara que nuestros maestros estaban satisfechos con lo que habíamos respondido en los exámenes.

Los años de bachillerato y los cinco años siguientes en la universidad fueron los más desafiantes de mi vida como estudiante. Era tan doloroso que me prometí a mí misma que no tocaría un libro más después de graduarme de la universidad. ¡Mi cerebro luchaba para dar sentido a memorizar esas materias, tan poco alineadas con mis intereses, y para justificar por qué debía lidiar con esto mientras podría haber estado haciendo algo más productivo con mi vida!

Al final rindió sus frutos, pero realmente desearía que hubiera sido con menos sufrimiento. Después de la universidad tuve mi propia empresa de TI, vendí mis acciones a mis socios y en seguida trabajé para grandes corporaciones de tecnología—Oracle y Microsoft–, avanzando sin pausa en el camino de convertirme en una especie de VP ejecutiva mundial de alto nivel. Disfruté mucho trabajando para esas organizaciones. Conocí a muchas personas, interactué con clientes de distintos países, viajé por el mundo representando a estos grandes nombres de la industria de la tecnología, obtuve mi MBA e hice amigos para toda la vida. Rompí mi promesa y volví a leer libros. Hice la paz con el caos educativo, aunque no le deseo esta experiencia ni a mi peor enemigo.

~ UNA NUEVA PERSPECTIVA SOBRE LA EDUCACIÓN ~

En 2007 me ascendieron para liderar un nuevo emprendimiento de Microsoft: dar forma a los productos, los servicios y el modelo de negocios para comunidades relegadas. Me enfoqué particularmente en el sector de la educación y viajé a distintos países para aprender las mejores prácticas pedagógicas que estaban usando las escuelas, y explorar cómo podían ser potenciadas y escaladas por la tecnología.

Microsoft patrocinó muchos proyectos piloto para explorar cómo podían mejorarse o escalarse los mejores modelos pedagógicos incorporando tecnología. Como te puedes imaginar, una vez que se terminaba el financiamiento se terminaba el proyecto. Los proyectos piloto en la mayoría de las escuelas nunca llegaron a ser sostenibles, salvo uno: un proyecto en una escuela pública rural en Colombia.

Visité muchas veces esa escuela y fui testigo de su transformación: los estudiantes tenían confianza, seguían sus sueños y nunca usaban de excusa su falta de recursos o sus limitaciones financieras. Aprendieron en la escuela todos estos principios de vida. Yo los miraba y veía que tenían alegría por estar allí. Estos niños estaban felices, más allá de sus circunstancias. Yo pensaba: "¡estos estudiantes son unos genios!" Esta generación persigue sus sueños con alegría. Entienden claramente que lo exterior nunca los va a realizar como individuos, que lo que sí lo hará es lo que llevan en el interior. Encontraron los genios que llevan dentro. Y gracias a ello les iba bastante bien académicamente.

En esa misma escuela conocí a Andrés, que tocó mi corazón de tal manera que, después de una conversación de 20 minutos con él, yo simplemente no podía dejar de llorar. Estábamos en su aula y yo estaba arrodillada a su lado. Él hablaba de su vida y yo escuchaba, mirándolo sin poder creerlo. De hecho, estoy llorando ahora al escribir esto. Después de esa charla tuve que salir del aula. Estaba toda confundida y revuelta, desde mi cerebro a mi estómago. Lloré por quién sabe cuántas horas. La gente trataba de calmarme. Yo no podía explicar mis lágrimas, el dolor en mi corazón era demasiado. Pensé: "¿cómo pude ser tan egoísta?" Sentí que estaba centrada en mí misma, en mí éxito, protegiendo MÍ carrera, MÍ familia, MÍS amigos, mí tal cosa, mí tal otra, mientras estos educadores estaban fomentando logros humanos.

No pensé ni por un segundo que yo podía ser una maestra. Estaba muy contenta de haber elegido mi carrera porque me había preparado para ese momento. ¡De pronto la educación tenía para mí un significado totalmente distinto! Ya no era más un medio para un fin, sino algo que creaba una preparación real para la vida: un camino en el que, con el apoyo de maestros, podemos definir claramente nuestros sueños, seleccionar y construir nuestros propios senderos y elegir cómo sentirnos en cada paso del camino. Comprendí que la genialidad no tiene que ver necesariamente con la ciencia. En el caso de estos estudiantes, tenía que ver con su capacidad para descubrir sus pasiones y trabajar para desarrollarlas, apoyados por sus maestros.

La diferencia entre las experiencias de estos estudiantes y la mía es sencilla: sus sueños estaban alineados con sus aprendizajes y sus acciones. Estaban motivados intrínsecamente y no extrínsecamente, como yo. El destino no está escrito sobre piedra, y sus circunstancias no eran una limitación para que hicieran realidad su potencial. Pasaron de la meritocracia a tener una meta de vida sin cambiar sus circunstancias. ¿Yo? Yo no tuve esta alegría como estudiante. Yo solo intentaba vivir mi vida como "ellos" me decían. De hecho, más de 55% de los estudiantes que tuvieron experiencias como la mía abandonaron la escuela. La meritocracia excluye a quien sea que no logra adaptarse a sus reglas.

~ LA EDUCACIÓN RELACIONAL Y UN NUEVO SENTIDO EN MI VIDA ~

Apuesto que, como yo, conoces muchas personas a quienes les encantaría seguir sus sueños, pero que se frenan a sí mismas porque es "demasiado tarde" o porque no tienen idea de dónde comenzar. ¿Y si hubiéramos aprendido, en la seguridad del ambiente escolar, a tomar decisiones, a cometer errores y a corregirnos, apoyados mientras tanto por educadores? ¿Y si pudiéramos experimentar permanentemente alegría en el camino porque, de alguna manera e incluso siendo niños, supiéramos que estamos destinados a ser quien queramos ser?

Esas eran las preguntas que me hacía mientras me zambullía en profundidad en la Educación Relacional, el modelo que usamos en esa escuela rural en Colombia. La Educación Relacional fomenta la construcción en conjunto del conocimiento y las prácticas que ayudan a que florezca el potencial de todos. Nutre un profundo respeto por cada miembro de la comunidad educativa, donde cada persona es única y altamente compleja, está en permanente desarrollo, es el autor de su propia vida y es un actor activo dentro de la sociedad. Aprendí sobre este modelo con su creador, Julio Fontán.

La Educación Relacional no es un concepto nuevo. Data de hace por lo menos 40 años. Incorpora lo mejor del aprendizaje personalizado, el aprendizaje basado en proyectos, el aprendizaje basado en competencias y el aprendizaje autónomo. Lo que hay de nuevo en este libro es que comparto un proceso claro que permite implementar la Educación Relacional de manera eficiente, efectiva y escalable. Permite a los estudiantes aprender lo que quieran mientras practican hábitos de aprendizaje efectivos. Para los educadores, es como estar con tus estudiantes 24x7, cuando sea que quieran aprender, debido a las habilidades que les ayudas a desarrollar.

¿Y si pudiéramos escalar la Educación Relacional de una escuela pública a millones? ¿Cuántos más niños tendrían así la misma oportunidad de hacer realidad su potencial y de ser felices? ¿Cuánta diferencia haría en el mundo? Podrías argumentar que esto es un lindo sueño pero que es imposible convertirlo en una realidad en el sistema de escuelas públicas. ¡Oh, los cambios que se necesitarían en políticas públicas, en ámbitos escolares, en el currículo, los recursos y así sucesivamente!

Efectivamente, todos los modelos pedagógicos y metodologías de aprendizaje más recientes pregonan que debemos cambiar algo. Algunas escuelas se han animado a hacer esos cambios, pero la gran mayoría no lo ha hecho ni lo hará. A los seres humanos simplemente no les gusta el cambio. Por lo tanto, si dependemos del cambio para que ocurra algo significativo en educación, podríamos esperar por toda la vida.

Mientras estaba en esta búsqueda de entender la educación, cuatro amigos murieron en un período de un año. Tres estaban en sus 50, uno tenía 40. Asistí a dos de los servicios funerarios y fui testigo de cómo sus amigos y familias recordaban sus vidas: momentos felices, legado, aprendizajes y marcas. Y pensé: "si yo muriera hoy, ¿Cómo me gustaría que me recordaran? ¿Qué me gustaría que rescataran de mi trayectoria de vida? En el momento de mi muerte, ¿Cambiaría un día de seguridad dentro de mi zona de confort por la oportunidad de vivir mi sueño no realizado? Tengo que decidir mi legado en este preciso instante, porque el mundo me necesita. ¡Este es el momento de traer al frente lo que tengo en mi interior!"

Esa experiencia con Andrés y las muertes de mis amigos cambiaron la trayectoria de toda mi carrera y de mi vida. Un día, tomando un cortado (¡ya no tomo café puro, gracias!) con Julio, reflexionamos sobre ese dicho famoso: "Si no somos nosotros, ¿entonces quién? Si no es ahora, ¿entonces cuándo?" Aunque mi puesto corporativo pagaba muy bien y me proporcionaba una gran seguridad, estaba lista para cambiar mi vida. En 2011 renuncié a mi trabajo y fundé con Julio la Fundación Learning One to One. De alguna manera, a ese punto la decisión ya era obvia y la vida tenía para mí un significado totalmente nuevo. Sentía como si toda mi vida hubiera sido una preparación para esto.

Invitamos a expertos en pedagogía, psicología y filosofía para sumarse a nuestro equipo de investigación y desarrollo para escalar la Educación Relacional para el mundo. Fijamos tres pilares principales:

1. Lo más importante: transformar desde donde están los sistemas escolares, desde las prácticas de los líderes y los educadores. Construir juntos el conocimiento y las prácticas, de la misma manera que la Educación Relacional trabaja con estudiantes.

2. Nunca dejar de investigar y desarrollar. Al final de cuentas, la mente humana está creciendo permanentemente y debemos darle forma a la educación para fomentar su evolución.

3. Empoderar a los educadores para que continúen invirtiendo en investigación y desarrollo en sus áreas de mayor habilidad.

La Educación Relacional no demanda cambios, solo el deseo más profundo de orientar el aprendizaje de los estudiantes, que es nuestro punto de partida. Combinamos décadas de prácticas pedagógicas efectivas con la disciplina de la ingeniería para construir procesos confiables y eficientes y procedimientos para escalar. A la fecha, hemos servido a decenas de miles de estudiantes de varios países, permitiendo que comunidades escolares tengan la misma experiencia que la primera escuela con la que trabajamos, a través de un desarrollo profesional continuo para la comunidad educativa.

~ CAPACITANDO A LOS EDUCADORES PARA USAR LA EDUCACIÓN RELACIONAL ~

Vimos que era posible escalar la Educación Relacional en cualquier contexto comunitario: rural o urbano, virtual o aprendizaje en el hogar, con o sin tecnología, muchos o pocos recursos, este o aquel currículo, altos o bajos ingresos. La Educación Relacional comienza en el centro de cada educador y estudiante. A un año de la implementación de la Educación Relacional, estas escuelas tenían, en promedio, una mejoría de 40% en comprensión lectora, 37% de los estudiantes terminando un grado en siete meses o menos, 100% de cobertura curricular y tasas de abandono cercanas a cero.

Ahora queremos que tú tengas acceso a la Educación Relacional, y este libro es el primer paso para ello. El segundo paso es tuyo, cuando leas el libro y comiences a usar el sistema que presentamos aquí. En este libro no comparto una teoría o un experimento sino el trabajo práctico que hace mi organización en alianza con escuelas y sistemas escolares de todo el mundo. Este modelo no requiere una revolución en los sistemas educativos; más bien, guía a la comunidad en prácticas sencillas que las beneficiarán académicamente y en la vida.

Los principios que presentamos aquí son sencillos y transformativos. Si ya estás comprometido a no hacer nada deberías dejar de leer ya mismo. De lo contrario, abre tu mente a este viaje de descubrimiento de la infinita capacidad humana para crear y recrear el mundo que nos rodea a través de una experiencia personalizada de aprendizaje que fomenta el desarrollo continuo de habilidades y la autonomía. Luego usa las simples prácticas que proporciona este libro y verás la transformación.

Aunque nuestro foco primario es un contexto educativo, puedes usar el Sistema de Educación Relacional en el trabajo y en tu propia vida. Verás que uso "estudiantes" y no "alumnos" para dar a entender que todos aprendemos a lo largo de la vida. También verás que nuestro fin es desarrollar el potencial humano, más allá de los antecedentes socioeconómicos o culturales de la persona. Nuestra intención no es cambiar la naturaleza de las personas sino, más bien, mejorar los procesos de aprendizaje, fomentar el aprendizaje e iluminar las capacidades creativas.

Hace rato que no trabajo más en tecnología. Andrés, sus compañeros de clase y sus educadores me dieron una nueva perspectiva de vida y me inspiraron a hacer las cosas de otra manera. Ahora, en lugar de un trabajo, tengo una misión: fomentar el más alto nivel del logro humano y destrabar su potencial, empezando en la escuela. Así como los niños deben aprender a caminar y a hablar, deben aprender a usar sus mentes al máximo.

Este libro es para quienes se entusiasman casi locamente por un mundo mejor. Ahora es tu turno de sumarte a una comunidad de miles de educadores que ya están reportando resultados inimaginables con sus estudiantes. Estamos juntos en esto para sacar a la luz el genio al interior de cada humano.

¿EINSTEIN ERA ESTÚPIDO?

"No es posible encontrar pasión jugando
pequeño, conformándose con una vida que
es menos de lo que eres capaz de vivir".

~NELSON MANDELA

Corría el año 1881 en la ciudad de Múnich, en Alemania. La familia recién se había mudado desde Ulm por una oportunidad de negocios que el Sr. Hermann Einstein perseguía con su hermano Jakob. La bella casa suburbana a la que se habían mudado tenía un jardín espacioso donde los niños podían jugar durante horas. El pequeño Albert Einstein tenía dos años y apenas balbuceaba algunas palabras. Pauline Koch, su madre, estaba tan preocupada que lo llevó a un médico, pero no obtuvo un diagnóstico específico para su incapacidad de hablar. El niño era saludable, solamente atrasado en su habla.

Albert Einstein aprendía palabras y las repetía una y otra vez. Algunos familiares lo empezaron a llamar "casi hacia atrás". Por otro lado, y debido a su desarrollo lento, aprendió a observar el mundo alrededor suyo con mucho más detalle que un niño "normal", una habilidad que le sería de gran ayuda en su búsqueda por descubrir cómo funciona el universo.

El pequeño Einstein era propenso a los berrinches, quizás porque era una forma de expresarse mientras su habla era limitada. En el mundo actual, una psicóloga moderna podría diagnosticarle un trastorno del desarrollo[1]. Entre otras características, desde muy temprana edad fue un inconformista; además, no tenía filtros, carecía de empatía, era solitario (no disfrutaba rodearse de otros niños) y tendía a no respetar a las figuras de autoridad. ¿Cuántos de esos has tenido en tu clase? O, si eso te describe a ti, no te preocupes: ese es tu genio interior.

Cuando Einstein tenía 5 años y estaba en cama enfermo, su padre le regaló una brújula. Ese día pareció empeorar—pero no por su enfermedad sino porque estaba febrilmente excitado por aprender sobre el campo de fuerza invisible que atrae a la aguja de una brújula hacia el norte–. Ese dispositivo encendió en él una pasión por descubrir campos ocultos y cómo gobiernan sobre la naturaleza.

Cuando tenía 6 años, los padres de Einstein lo registraron en una escuela católica local. Su materia preferida era religión y tenía gran interés por la matemática. Su personalidad seguía caracterizándolo, a punto tal que uno de sus maestros dijo que "nunca llegará a mucho". Era el ejemplo perfecto de cómo se comporta un niño distraído. Otros niños le hacían *bullying* porque era judío. Hubo muchas peleas e insultos en sus caminatas hasta y desde la escuela. El impacto más significativo del *bullying* en su infancia fue su creciente sensación de ser un caso aparte, sensación que lo acompañaría toda su vida.

Los años fueron pasando y Einstein fue haciéndose extraordinariamente bueno en matemática, aprendiendo mucho por sí mismo. A los 15 años ya dominaba cálculo diferencial e integral, mientras desaprobaba en todo lo que estuviera relacionado con el lenguaje. Las palabras no eran lo suyo; en su escala, no estaban en la categoría de "interesante". Einstein odiaba el bachillerato por el aprendizaje-por-repetición que le imponían y por el desagrado de los maestros cuando los estudiantes hacían preguntas. Los maestros eran la autoridad y la fuente de conocimiento, y ellos debían respetarlos como tales. La adoración de Prusia por la estructura militar influía profundamente sobre las dinámicas escolares, que enfatizaban una disciplina mecánica comparable con la marcha de los soldados en las calles de Múnich.

Si percibes similitudes entre la experiencia del joven Einstein y nuestro sistema actual de educación pública, has dado en el blanco. Horace Mann, un reformador de la educación norteamericana y promotor de la educación pública, visitó varias escuelas europeas en 1843, entre ellas las de Prusia. Por entonces, Prusia era el poder económico del siglo XIX y tenía una influencia política significativa. Como secretario del Consejo de Educación de Massachusetts (el primero de su tipo en EE. UU.) y propulsor nacional del acceso a la educación, Mann proponía adoptar el modelo prusiano de educación pública.

La visión de Horace Mann del sistema de educación pública era que mejorara a la humanidad, que fuera inclusivo de todos los niños sin importar sus antecedentes, no confesional, con un sistema de entrenamiento de maestros estandarizado y, sobre todo, que enseñara a los niños dentro de los principios de una sociedad libre. Eran principios nobles, muy diferentes de los verdaderos principios educativos dictatoriales de Prusia. Quizás Mann no era consciente de esas diferencias.

La percepción que tenemos muchos de nosotros sobre lo que está mal en nuestro sistema de educación actual es el mismo sentimiento que tenía Einstein cuando estaba en el bachillerato. El notable Dr. Carl Sagan también encontró un problema fundamental con el sistema de EE. UU.:

"Si uno va y habla con niños de jardín de infantes o de primer grado te encuentras con una clase llena de entusiastas de la ciencia. ¡Hacen preguntas profundas! '¿Qué es un sueño?' '¿Por qué tenemos dedos en los pies?' '¿Por qué la luna es redonda?' '¿Cuándo es el cumpleaños del mundo?' '¿Por qué el pasto es verde?' ¡Estas son grandes preguntas, importantes, y salen de ellos como burbujas! Vas a hablar con estudiantes de 12º grado y no hay nada así. Se ponen latentes, sin curiosidad. Algo terrible les ha ocurrido entre el jardín de infantes y el 12º grado, y no es solo la pubertad"[2].

Pregúntate: ¿Ocurriría este entumecimiento del cerebro con el sistema educativo adecuado?

El Dr. Laurence Steinberg, profesor en la Universidad de Temple, en Filadelfia, hizo un estudio sobre la motivación y el compromiso entre 20.000 estudiantes de bachillerato en EE. UU. Un tercio de ellos dijo que logran pasar sus días entablando algún pasatiempo sin importancia con amigos, descuidando sus tareas escolares. Casi 90% dijo haber copiado la tarea de un amigo en el último año. Menos de 20% cree que es esencial tener un buen desempeño en la escuela. En su libro, *Más allá del aula*, Steinberg argumentaba que los "problemas en las actitudes, valores y creencias de los estudiantes respecto de la importancia de la educación subyacen a la actual crisis en la educación norteamericana"[3].

~ ACCEDIENDO A LA CURIOSIDAD Y EL DESEO DE EXPLORACIÓN INTRÍNSECOS DE LOS NIÑOS ~

Los niños están diseñados para el éxito, concebidos para el logro. Para los niños pequeños, la curiosidad y la exploración son un estímulo no condicionado, y el aprendizaje es una respuesta no condicionada. El sistema de recompensas de su cerebro está programado para recompensarlos por explorar sus intereses y por encontrar respuestas a sus preguntas. ¡El mundo está para que ellos lo conquisten! ¿Aprendería a caminar una niña si tuviera miedo a caerse? Sin embargo, al poco tiempo de ingresar al sistema escolar, la curiosidad natural del cerebro deja de ser recompensada. Empiezan a vivir para las expectativas de otros y para perseguir objetivos vacíos. Sus mentes pasan a estar condicionadas a buscar la aprobación de otros y a preocuparse por las opiniones de su círculo. No están motivados a explorar nada fuera de lo común. Se ha roto la conexión natural entre curiosidad, exploración y aprendizaje recompensado.

Los niños de hoy viven en una dualidad. Por un lado, tienen la capacidad innata de pensar por sí mismos. Por otro lado, están condicionados a buscar validación. Esta dualidad mata el potencial de los niños y, creo yo, contribuye a que suban los índices de suicidio entre los adolescentes. Según el Centro Nacional de Estadísticas de Salud y los Centros de Control y Prevención de Enfermedades, en 2017 en EE. UU. el suicidio fue la segunda mayor causa de muerte entre personas de 15 a 24 años. Entre personas de 15 a 19, en 2017 hubo 47% más suicidios que en el año 2000[4].

Hay chicos de edad escolar muriendo cada día, ya sea física o mentalmente. Las cicatrices emocionales causadas por la falta de entusiasmo en la educación diaria pueden matar su potencial de llevar adelante vidas excepcionales. ¿Cómo frenamos esta pérdida de potencial? ¿Cómo accedemos a la habilidad innata de los niños para aprender, y para hacerlo de manera independiente?

A Einstein le apasionaba aprender, y genuinamente creo que todos los estudiantes son como él. Tenía tantas ganas de aprender y fue tan infeliz con su experiencia en la escuela que se deprimió. Sus maestros prácticamente hicieron una campaña para que el niño abandonara la escuela. La depresión de Einstein evolucionó hacia un ataque de nervios cuando el negocio que habían emprendido su padre y su tío quebró y la familia comenzó a ahogarse en deudas.

Finalmente, la familia se mudó al norte de Italia, dejando atrás a Einstein para que terminara la escuela. Unos meses después, Einstein decidió abandonar la escuela y se sumó a los esfuerzos de su padre y su tío de reconstruir el negocio. Para Einstein no fue gran cosa: al final de cuentas, le desagradaba la escuela.

A pesar de abandonar la escuela, Einstein siguió aprendiendo. Quizás la diferencia entre Einstein y el estudiante común que abandona la escuela es que Einstein ya había establecido una motivación intrínseca para aprender sobre un aspecto de la ciencia cuando su padre le regaló aquella brújula. Nombró a su pasión "campos invisibles". Gracias a esa motivación intrínseca tuvo la determinación de proseguir sus estudios. Probablemente hubiera encontrado cómo hacerlo en cualquier circunstancia. La gran mayoría de nosotros, sin embargo, dependemos de una motivación extrínseca para aprender—una que nos fuerce a seguir dentro del sistema solo porque es "lo que hay que hacer" según la sociedad en la que vivimos–. Mi motivación extrínseca era salir de la pobreza. Si todos los niños tienen un sentido del asombro—una motivación intrínseca—dentro de ellos, ¿por qué tenemos un sistema educativo diseñado alrededor de la motivación extrínseca, en vez de extraer la curiosidad, la creatividad y la pasión naturales?

Muchos de los que abandonan la escuela aman aprender y realmente no encuentran la aplicación de lo que estaban aprendiendo en la vida real. Simplemente no había conexión entre su pasión y lo que estaban aprendiendo en la escuela: ¡Por eso se aburrían!

La historia muestra que la magia ocurre cuando finalmente se despierta la motivación intrínseca. No hay límites a lo que pueden hacer los humanos. Sir Richard Branson, que tiene dislexia, dejó la escuela a los 16, fundó Virgin Group, y se convirtió en un multimillonario. Thomas

Edison, uno de los grandes inventores del mundo, apenas tuvo tres meses de escuela. Walt Disney abandonó a los 16. Igual que Sir Elton John, Charles Dickens y Ray Kroc. Lady Gaga, que abandonó la universidad, ha ganado más de 200 premios musicales. Sin duda, hay personas exitosas que pasaron por todo el sistema educativo hasta sus doctorados. La pregunta es: ¿Lo hicieron porque alguien se los dijo o porque encontraron una escuela que alineaba sus sueños con sus aprendizajes?

Cuando dejó la escuela, Einstein prometió a sus padres que estudiaría por su cuenta y que sería admitido al Instituto Politécnico Federal en Zúrich, Suiza (conocido hoy como el Instituto Federal Suizo de Tecnología Zúrich). Efectivamente, el director del Poli le permitió a Einstein presentarse al examen de ingreso en octubre de 1895 a pesar de que era dos años menor a la edad mínima de ingreso (18 años) y a que no tenía el diploma de bachillerato requerido. En el examen Einstein obtuvo resultados espectaculares en ciencia y matemática, pero desaprobó por completo en todas las demás materias. El director del Poli rechazó su postulación, pero le recomendó a Einstein que fuera por un año a la escuela cantonal, una escuela administrada localmente, en un pueblo cercano, cursando un programa similar al GED (Desarrollo de Educación General, por sus siglas en inglés) y que se preparara para el examen de ingreso del año siguiente. La escuela cantonal fue para Einstein un sueño hecho realidad. ¡Las repeticiones y memorizaciones estaban prohibidas! En cambio, los niños aprendían a pensar por sí mismos, a llegar a sus conclusiones y a encontrar sus respuestas en el camino.

Tiempo después, la hermana de Einstein, Maja, describió de esta manera la escuela cantonal (a la que también asistió): "A los estudiantes se los trataba individualmente. Se ponía más énfasis en el pensamiento independiente que en la opinión experta, y los jóvenes veían a los maestros no como una figura de autoridad, sino, al lado del estudiante, como una persona con una personalidad distintiva". Einstein amó esa escuela. En sus palabras, "al compararla con los seis años en una escuela autoritaria alemana, me hizo ver con claridad cuán superior es una educación basada en la acción libre y la responsabilidad personal a una que se basa en la autoridad exterior".

Fue en esta escuela que Einstein desarrolló la capacidad de traducir la ciencia compleja en ejemplos simples al alcance de personas comunes. Comenzó con un viaje en tren con un haz de luz. Luego otras imágenes le vinieron en su investigación: el trampolín, el ascensor, la manzana que cae y así sucesivamente. Las explicaciones del universo se encuentran en modelos sencillos.

El sistema innovador suizo diseñado por Johann Heinrich Pestalozzi y usado en la escuela cantonal eliminó el analfabetismo en aquel país hacia 1830[5]. Imaginen si Horace Mann hubiera ido en 1843 a Suiza y promovido un sistema de escuelas públicas como el sistema cantonal que Einstein amó. El sistema educativo en EE. UU. sería hoy muy diferente. Quizás la muerte de Pestalozzi en 1827 impidió que Mann conociera la innovación del aprendizaje suiza y que pensara en replicarlo en EE. UU.

La escuela cantonal le cambió la vida a Einstein. Con su aprendizaje finalmente conectado a pasiones, pasó el examen de ingreso al Politécnico de Zúrich y en 1896 se inscribió en un programa de matemáticas y física de cuatro años. Quería ser profesor y continuar sus investigaciones en física teórica. Fue bendecido por un tío que lo apoyó financieramente durante esos cuatro años.

En sus años universitarios, Einstein fue Einstein; discutía con los profesores, se rebelaba contra las órdenes impuestas, criticaba el sistema de evaluación, cuestionaba el statu quo y así sucesivamente. Él y sus amigos pensaban que las conferencias universitarias eran anticuadas y estudiaban por sí mismos a teóricos más recientes. Apuesto a que te puedes identificar con esto, como muchos más. Yo tuve la misma experiencia:

nunca usé nada de lo que aprendí de mis profesores universitarios, pero sí usé mucho de lo que aprendí en el trabajo.

Einstein solía saltearse las clases aburridas, como las prácticas experimentales y de laboratorio con el profesor Jean Pernet. Tiraba las hojas de instrucción a la basura directamente, sin leerlas, ejecutaba el experimento, iba directo a la respuesta correcta y frustraba enormemente a Pernet. Una vez, Pernet le preguntó a un asistente: "¿Qué le parece Einstein? Siempre hace algo distinto a lo que yo ordeno". El asistente contestó: "Efectivamente, Herr Professor, pero sus soluciones son correctas y usa métodos muy interesantes". Pernet calificó a Einstein con la nota más baja (uno de seis) y quedó en la historia por reprobar a un genio en su materia preferida: física.

Einstein se graduó en 1900, la primera generación de su familia en graduarse de la universidad. Quedó entre los últimos de su clase, cuarto de cinco, pero no por un mal desempeño en sus exámenes finales sino porque el trabajo en su tesis final fue flojo. El tema había sido elegido por su asesor de disertación, no por él, y no estaba relacionado con sus pasiones. Pero sabía que tenía que completarlo para graduarse. Esta rebelión le costó unas cuantas posiciones de profesor *junior* a las que postuló los años siguientes. Las referencias que sus profesores universitarios daban a potenciales empleadores eran decepcionantes; de traducirse hoy, quizás serían algo así como "gran QI (inteligencia intelectual), pero nada de QE (inteligencia emocional)"[6].

Einstein consiguió su primer trabajo recién en 1902, con la ayuda de su amigo de la universidad Marcel Grossmann; fue en la Oficina de Patentes de Suiza, donde trabajó durante siete años antes de convertirse en profesor en la Universidad de Berna.

Quizás la falta de QE le dio a Einstein la determinación de demostrar que el otro estaba equivocado, para conseguir lo que quería de su vida y no lo que alguien más eligiera para él. Otras mentes brillantes han encontrado la fortaleza de perseverar en la búsqueda de sus sueños, y ahí es cuando ocurren las cosas grandes. Si J. K. Rowling hubiera creído que debía tener una carrera "segura" para mantener su estabilidad financiera y no hubiera tenido tiempo para escribir, no tendríamos a Harry Potter. Si Michael Phelps hubiera creído que el TDAH le impediría hacer cualquier cosa con excelencia, no hubiéramos conocido al hombre más rápido en una piscina y al campeón olímpico más decorado de todos los tiempos.

Einstein publicó su gran obra de arte, la teoría general de la relatividad, quince años después de graduarse de la universidad. Fue la culminación de años de investigación en física teórica y la respuesta a muchas preguntas sobre el universo. Einstein hizo muchas otras contribuciones durante su vida, incluyendo aportes a la mecánica cuántica y a la comprensión de cómo se relaciona la energía a la masa a través de su ecuación famosa, $E=mc^2$.

¿Era estúpido Einstein? Quizás escuchó que alguien lo llamara así debido a su desarrollo tardío y a que era un inconformista, entre otras características personales. La historia probó que cualquiera que haya dicho eso estaba equivocado. La historia de Einstein muestra todo el valor que puede traer al mundo un individuo si se expresa todo su potencial, especialmente cuando la combinación de habilidades de ese individuo lo hace único.

Los niños que hoy se sientan en tu clase también traerán gran valor al mundo. Puede que necesiten un poco de ayuda para empezar, pero después ellos harán lo demás.

CAPÍTULO 2

QUÉ ES SER UN GENIO

"La genialidad es 1% inspiración y 99% transpiración".

~Thomas Edison

Cuando conocí a Andrés en su escuela rural en Colombia él tenía 17 años. Se lo veía como un joven afilado, bien vestido y con el pelo ordenado. Ese año, sus compañeros lo eligieron su representante frente al directorio de la escuela. Conducía un programa de radio juvenil en el pueblo y estaba a punto de recibir una beca para una de las principales universidades del país. Al ver esos logros, podrías concluir que el niño era definitivamente un líder. Pero su historia era muy distinta de la que te imaginarías.

Aunque su futuro se veía—y fue—brillante, Andrés vivía en un contexto de oportunidades socioeconómicas limitadas. Había perdido su visión a los 13 años. Aprendió braille, pero, al vivir en una comunidad rural, su futuro parecía muy limitado. Su madre quería lo mejor para él, a pesar de las circunstancias. Convenció a la escuela local de que aceptara a Andrés, después de mucha resistencia. Así que Andrés asistió a la escuela normal, aun cuando su condición no le permitía aprender como otros niños. Fue a la escuela a prepararse para el único destino que le decían que debía esperar. Vergüenza, estrés, depresión y ansiedad son emociones comunes para los niños que viven bajo estas condiciones.

Cuando conocí a Andrés yo estaba trabajando en Microsoft. Mi trabajo consistía en introducir tecnología y sistemas de aprendizaje innovadores en todo el mundo. Mi equipo y yo estábamos en una misión, buscando sistemas de aprendizaje transformadores cuya efectividad pudiera ser potenciada por la tecnología. Nuestro equipo en Colombia había comenzado a trabajar con la escuela de Andrés el año anterior a mi visita, implementando un modelo de aprendizaje autónomo que impulsaba el potencial de los estudiantes. El sistema de aprendizaje, la Educación Relacional, se basaba en fomentar la independencia de los estudiantes, o el aprendizaje autónomo, nutriendo el desarrollo de habilidades intelectuales, socioemocionales y personales mientras se aprendía el currículo requerido.

Una vez que Andrés comprendió el concepto detrás de lo que la escuela estaba ofreciéndole a través del Sistema de Educación Relacional, buscó aprovecharlo al máximo, ya que era su gran esperanza para tener un futuro mejor. A través de la Educación Relacional aprendió a ser independiente, a respetar a otros y a sí mismo, a tener autoestima, a argumentar eficazmente y a discutir soluciones con sus compañeros. ¡Andrés terminó siendo un líder natural! Guiado por sus maestros, evolucionó hacia su papel natural en el mundo, y otros niños terminaron ignorando su limitación visual. Andrés tenía dentro de él un genio dormido, que anhelaba actuar y liderar. Su genio nunca fue perturbado por las limitaciones de su vista. Apenas sus maestros lo ayudaron a darse cuenta, Andrés se convirtió en el líder que estaba destinado a ser desde el día que nació.

QUÉ ES SER UN GENIO

~ EL "GENIO" A TRAVÉS DE LOS AÑOS ~

¿Qué significa ser un genio? El diccionario Merriam-Webster define la genialidad como "una única y fuertemente marcada capacidad o aptitud" o "un poder intelectual o creativo u otra habilidad natural excepcional". Supuestamente, Thomas Edison habría dicho que "la genialidad es 1% inspiración y 99% transpiración". En realidad, todavía no tenemos una explicación científica de la genialidad. La creencia popular es que genio es alguien con una capacidad intelectual original o una productividad en un área específica excepcionales. Einstein reforzó este concepto cuando los medios compartían sus descubrimientos, explicados con metáforas que cualquiera podía entender.

Los antiguos romanos creían que el genio era un espíritu creativo presente en cada individuo, lugar o cosa—algo así como un ángel guardián que acompañaba a alguien desde la cuna hasta la tumba–. En realidad, los romanos necesitaban una explicación para los eventos y los logros en la vida de alguien. Horacio (65 a. C.—8 a. C.), un ilustre poeta lírico romano de la época del emperador Octavio, explicaba el genio como "el compañero que controla la estrella natal; el dios de la naturaleza humana, en tanto es mortal por cada persona, con una expresión cambiante, blanco o negro"[7]. Horacio describía distintos genios, dependiendo del talento que exhibiera una persona: artista, guerrero, filósofo, músico, orador y así sucesivamente.

Para el siglo XVIII, la palabra "genio" había evolucionado de describir una entidad externa a describir talentos y una naturaleza interna. Así, el concepto pasó de "tener un genio" a "ser un genio". De allí en más, los investigadores encararon estudios extensivos para explicar la inteligencia. El estadístico inglés Sir Francis Galton (1822–1911) fue pionero del concepto de la inteligencia como algo hereditario y de la genialidad como algo raramente visto en la población general, tal como presentó en *Hereditary Genius*, publicado en 1869[8]. La teoría incluía el primer intento de crear un examen estandarizado para medir la inteligencia.

En 1905, los psicólogos franceses Alfred Binet (1857–1911) y el Dr. Théodore Simon (1873–1961) crearon la escala de medición de la inteligencia Binet-Simon, que pasó a ser ampliamente utilizada[9]. En 1899, Binet había pasado a ser miembro de la Sociedad Libre para el Estudio Psicológico del Niño, comprometida a usar la ciencia para estudiar a los niños. Por esta época, Francia aprobó una ley para hacer que la escuela fuera obligatoria para niños de 6 a 14 años. El gobierno francés nombró a Binet y a otros miembros de la sociedad a la Comisión por los Retrasados (como se los llamaba entonces), con la misión de responder a la pregunta: "¿Qué examen debería administrarse a los niños que pueden tener discapacidades de aprendizaje para definir si deberían ir a un aula especial?"

Binet creía que la inteligencia de los niños era diversa, pero el uso práctico de la escala Binet-Simon limitaba que las ideas que se desviaran del objetivo que había fijado el gobierno francés. La escala se enfocaba principalmente en habilidades verbales y buscaba identificar discapacidades mentales en niños. Los niños en quienes se detectaban discapacidades serían etiquetados como "enfermos" y, por lo tanto, se les diría que debían dejar la escuela. ¡Con este sistema quizás le hubieran pedido a Einstein que dejara la escuela!

La escala Binet-Simon se hizo conocida en EE. UU. después de que la tradujera y publicara en 1910 el psicólogo y eugenista norteamericano Dr. Henry H. Goddard (1866–1957). Goddard abogaba por el uso de exámenes de inteligencia en instituciones públicas, incluyendo en las escuelas. Como eugenista, creía que la calidad genética de la raza humana podía ser mejorada "excluyendo ciertos grupos genéticos considerados inferiores y con la promoción [de] otros grupos genéticos considerados superiores"[10].

El psicólogo norteamericano Dr. Lewis Terman (1877–1956), profesor de la Universidad de Stanford y también un eugenista, creía que la inteligencia se heredaba y que era el determinante más importante sobre el futuro de un niño. Propuso ajustes al famoso examen, lo que resultó en la Escala de Inteligencia Stanford-Binet, publicada en 1916. Se convirtió en el examen de inteligencia más usado en EE. UU. por décadas.

Terman le puso el nombre de "genio" a la categoría de mayor puntaje de la escala. Con su colega, la Dra. Catharine Cox Miles (1890–1984), Terman procedió a realizar un estudio longitudinal de toda la vida de niños de California llamado "Estudios genéticos de la genialidad". Los maestros recomendaban a muchos estudiantes para la investigación, incluyendo a dos que fueron rechazados por sus bajos puntajes en la escala Stanford-Binet[11] y que luego obtuvieron el Premio Nobel en física: William Shockley (1956) y Luis Walter Álvarez (1968). Como ellos, muchas otras personas han echado por tierra la teoría de que hace falta un QI alto para ser exitoso en la vida.

Cox Miles publicó libros en los que llegaba a la conclusión de que ser un genio requiere de otras características además de un QI alto. Hacia 1937, había dejado de usar la palabra "genio" para la mayor clasificación del Stanford-Binet. El Dr. David Wechsler (1896–1981), un psicólogo rumano-estadounidense y autor de escalas de inteligencia muy conocidas como la Escala de Inteligencia para Niños Wechsler, llegó más adelante a la conclusión de que "Somos reacios a llamar a una persona un genio sobre la base de un único examen de inteligencia"[12].

Desde su desarrollo inicial, las escalas de inteligencia se han usado de formas que jamás estuvieron en las intenciones de sus creadores. La intención de Binet era que su escala se usara para identificar las discapacidades de aprendizaje de los niños y las áreas en las que necesitaban mejorar. Pero el gobierno francés la usó para identificar a las personas con discapacidad mental para invitarlos a dejar la escuela. En EE. UU., Terman propuso usar la escala Stanford-Binet para asignar a los niños a sus senderos laborales apropiados. Sus estudios sirvieron como base para crear los programas de dotados que se usan hoy en la mayoría de las escuelas de EE. UU.

¿Te imaginas que tu hijo o hija sea etiquetado como una persona con discapacidad mental e invitado a dejar la escuela? Les pasó a Thomas Edison y a Albert Einstein, dos estudiantes cuya genialidad no fue bien interpretada.

~ EL GENIO COMO PENSADOR CREATIVO: LOS SOLUCIONADORES DE PROBLEMAS QUE NECESITAMOS HOY ~

El Dr. George Land (1932–2016), un científico general de sistemas norteamericano, dedicó su carrera a estudiar cómo potenciar el desempeño creativo. Esto llevó a su Teoría de la Transformación, que sostiene que los procesos naturales integran los principios de la creatividad, el crecimiento y el cambio. Más de 400 corporaciones en el mundo han adquirido la licencia de sus procesos únicos de pensamiento estratégico e innovación, todos los cuales comienzan en los cerebros de las personas.

Land identificó dos tipos de procesos de pensamientos relacionados con la creatividad.

- **Pensamiento convergente**: en el que las ideas son juzgadas, criticadas, refinadas, combinadas y mejoradas en el nivel consciente.

- **Pensamiento divergente**: en el que se imaginan ideas nuevas, originales, lo cual habitualmente ocurre en el nivel subconsciente.

En 1968, Land comenzó un estudio de investigación longitudinal sobre el pensamiento divergente, o la capacidad de explorar soluciones diferentes; él diseñó sus propias categorizaciones del potencial creativo de un individuo. Creó un examen sencillo para explorar los muchos usos que una persona puede darle a un objeto. Como "solucionadores-de-problemas" adultos, tenemos la tendencia a sentir que debemos tener una respuesta inmediata para todo. La mayoría de las soluciones que proponemos se relacionan con lo que ya conocemos. Por ejemplo, si te pido que pienses maneras de usar un clip de papel, probablemente contestes: para mantener juntas hojas de papel o para abrir el compartimiento de la tarjeta SIM de tu teléfono móvil. Los niños más pequeños pueden pensar 30 usos más para un clip de papel porque no están tan limitados por lo que saben del pasado.

Land estudió a 1.600 niños durante 15 años. Entre los 3 y los 5 años, 98% de los niños obtenía un puntaje dentro de la categoría de "genio creativo". Cinco años más tarde, solo 32% de los mismos niños obtenían un puntaje en esa categoría. Cuando llegaban a los 15 años, solo 10% de los niños obtenían un puntaje dentro de la categoría de genio creativo. El mismo examen aplicado a más de 200.000 personas mayores de 25 años encontró que solo 2% entraba en esa categoría[13].

Como tantos niños y tan pocos adultos, Einstein siempre ejerció el pensamiento divergente, característica de un genio. Una vez dijo: "si tuviera una hora para resolver un problema, me pasaría 55 minutos pensando en el problema y 5 minutos pensando en soluciones". Y agregó: "la imaginación es más importante que el conocimiento".

¿Por qué tantos adultos parecen perder las habilidades de pensamiento divergente, o creativo, al crecer? La conclusión de Land es que "el comportamiento no creativo se aprende" en las escuelas porque enseñamos a los niños a usar los procesos convergentes y divergentes al mismo tiempo. El cerebro solo puede procesar un tipo de pensamiento a la vez o se desconecta. En otras palabras, los niños nacen siendo genios creativos, pero aprenden a reprimir el comportamiento creativo en la escuela. Sus sentidos naturales son adormecidos para conformar una norma social de ser educados de la forma que alguien ha decidido que es la más efectiva.

La solución, según Land, es permitir que los estudiantes usen un proceso de pensamiento a la vez para fomentar la imaginación y las ideas nuevas, y solo entonces permitir que piensen qué ideas son útiles para ellos.

Así que si usamos un nuevo marco de enseñanza que permita a los estudiantes ejercitar la imaginación—o el pensamiento divergente— relacionada con sus pasiones, podemos tener mentes brillantes, creativas, aun cuando terminen la escuela. Este marco requiere que creamos que todos los niños nacen siendo genios creativos, más allá de su estatus socioeconómico, su lugar de nacimiento o sus diferencias.

La palabra genio viene del latín *genii*, que significa "producir, crear, engendrar o dar nacimiento a". Coincidencia, o no, la palabra educación viene del latín *educare*, que significa "traer al frente desde dentro". Ambas requieren una acción para que pueda nacer lo que los estudiantes llevan dentro. ¡El genio está adentro y la educación lo saca! Si la genialidad es 1% talento y 99% trabajo, deberíamos ayudar a los estudiantes a desarrollar hábitos de trabajo que los pongan en un 100% de genialidad.

Este abordaje distintivo para enseñar a los niños a pensar es más importante que nunca. La manera en la que aprendimos a resolver problemas en la escuela—con gran énfasis en lo que ya es conocido—ya no funciona. Los problemas que enfrentamos en el mundo son más amenazantes que nunca: guerras, globalización, enfermedades, competencia, hambre, pobreza. Hoy, más que nunca, necesitamos de genios.

Por suerte podemos usar metodologías sencillas para engranar la creatividad del cerebro. Podemos usar nuestras mentes creativas para imaginar soluciones extraordinarias a los problemas de hoy. Ya tenemos lo necesario para crear el futuro que queremos.

Esto es exactamente lo que creían los maestros de Andrés. Ciego y con herramientas limitadas para vivir una vida excepcional, lo podríamos haber perdido como estudiante. Sus maestros usaron un marco de aprendizaje para ayudarlo a descubrir su genio personal y utilizarlo. Aprendió herramientas para entender al mundo que lo rodea y cómo seguir aprendiendo. Esto no fue fácil, ni para Andrés ni para sus maestros. Para poder sacar al genio, el estudiante debe ser humilde, vulnerable, abierto a las posibilidades que tiene por delante, determinado, persistente, apasionado y resiliente. Los maestros son el sistema de apoyo para que los niños revelen su genialidad. Revelar el genio de un niño lo ayuda a darle un propósito y a ponerlo en armonía con la vida.

~ AGREGANDO INTELIGENCIA EMOCIONAL (QE) A LA PELÍCULA ~

Pasaron años desde las conclusiones de Cox Miles y de Wechsler respecto de que la genialidad se define por otras características además de un alto QI y los científicos seguían desafiados por la realidad. En *Inteligencia Emocional 2.0*, los doctores Travis Bradberry y Jean Greaves escribieron: "Las personas con mayores niveles de inteligencia (QI) tienen mejores desempeños que aquellas con QI promedio solo 20% del tiempo, mientras que las personas con QE promedio tienen mejores desempeños que aquellas con QI altos 70% del tiempo". ¿Cómo puede ser eso posible? La respuesta está en el siglo XIX.

Phineas nació en Lebanon, New Hampshire, en 1823; sus padres, Eaton y Hannah Gage, no tenían entonces idea de que su hijo tendría una influencia tan grande sobre nuestra comprensión de la inteligencia. Phineas P. Gage (1823–1860) era perfectamente saludable, no estuvo enfermo ni un solo día y la forma de su cuerpo de joven parecía la de un fisicoculturista, aunque eso no existía por entonces. Phineas encantaba a la gente a su alrededor con sus habilidades sociales refinadas. Gracias a eso, ascendía fácilmente y se convertía en el jefe de todos los equipos de construcción en los que trabaja. Aunque nunca fue a la escuela, mostraba características de un genio—particularmente en sus increíbles habilidades para construir líneas de ferrocarril–.

Hacia el final del verano de 1848, Phineas y su equipo estaban en lo que suponían que sería un día más de trabajo tranquilo en Vermont. Estaban perforando una saliente rocosa usando polvo explosivo, un detonador y un hierro apisonador de casi cuatro pies de largo y de una pulgada y cuarto de diámetro. El hierro apisonador se usaba para dirigir la energía de la explosión hacia la roca. El polvo explotó, lanzando el hierro apisonador directamente a través de la parte inferior de la mandíbula de Phineas, luego la mandíbula superior, los pómulos, el ojo izquierdo, el lado izquierdo de su cerebro y el hueso frontal de su cráneo. En el siglo XIX, el equipo de seguridad que usaban los trabajadores se reducía a sombreros para protegerlos del sol. El hierro apisonador voló a través de su cabeza y Phineas fue propulsado hacia atrás. El hierro aterrizó unos 80 pies más allá. Phineas convulsionó por unos pocos minutos, luego se puso de pie y se dirigió al pueblo.

Los doctores Edward H. Williams y J. M. Harlow encontraron a Phineas sentado en una silla en el porche de su hotel. Phineas explicó a los doctores cómo había sido el accidente y que cada tanto sangraba y vomitaba. Williams no podía creer siquiera que ese hombre de 25 años estuviera vivo, mucho menos que pudiera hablar como si solo se hubiera pinchado un dedo. Los doctores lo operaron para arreglar sus huesos rotos. Después de la cirugía tuvo convulsiones repetidas veces y por momentos "perdía el control de su mente" [14]. Pasaban los días y Phineas empeoraba, y su herida tenía una infección importante. Todos esperaban su muerte, pero Harlow logró contener las infecciones.

Apenas 10 semanas después de la cirugía, Phineas estaba una vez más fuerte y poco a poco empezó a mejorar. Había perdido un ojo, un diente y parte del lóbulo frontal de su cerebro, y había quedado con cicatrices. Aunque su cuerpo se recuperaba bien, la gente alrededor suyo empezó a ver que Phineas parecía un hombre totalmente diferente después del accidente. Se puso agresivo e impulsivo, usaba profanidades, se enojaba y perdía fácilmente el hilo del trabajo. Pero con los años se puso un poco más "normal". La conclusión de los médicos era que el trabajo que finalmente consiguió como conductor de un carruaje lo ayudó. Requería que repitiera constantemente la misma estructura de pensamiento, y eso le permitía formar nuevas conexiones neuronales y entrar en rutinas en las que él controlaba la impulsividad que podía llegar a tener. Dentro de esas rutinas él podía planificar hacia adelante y adaptarse a cualquier cosa que pudiera ocurrir en la ruta.

Phineas se convirtió en un caso de estudio para neurólogos, psicólogos y neurocientíficos. ¿Cómo era posible que alguien sobreviviera a tal trauma y que viviera habiendo perdido parte del cerebro? ¿Cuáles son los efectos del daño cerebral sobre las habilidades personales y sociales? El caso de Phineas era crucial para entender la regulación de las emociones en el cerebro: se desencadenan en el sistema límbico, o el mesencéfalo. La corteza prefrontal luego identifica la emoción y toma la decisión final sobre cómo reaccionar a ella. Phineas perdió parte de su corteza prefrontal y, por lo tanto, no podía regular sus emociones. Funcionaba en modo automático. Estudios tras estudios confirmaron que esta suposición respecto de cómo procesamos las emociones era correcta.

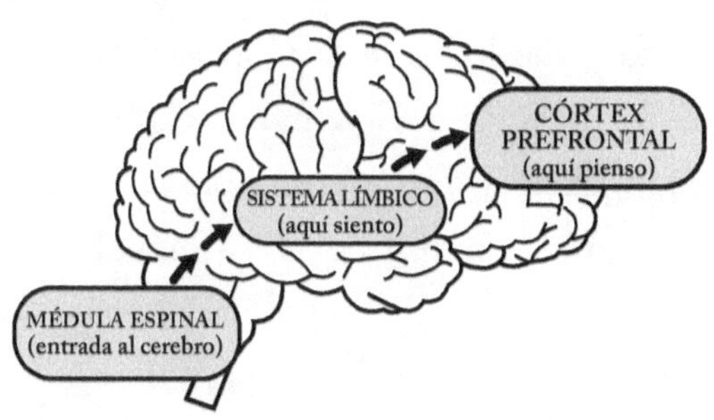

Figura 2.1. La mecánica del cerebro.

El término "inteligencia emocional" fue usado por primera vez en 1964 por el Dr. Joel Robert Davitz y el Dr. Michael Beldoch[15], profesor de clínica de psicología en psiquiatría, ambos de la Universidad de Columbia. En 1995, el concepto ganó más exposición al público con el libro *Inteligencia Emocional*, del periodista científico Dr. Daniel Goleman. Él definió así el término: "cómo nos manejamos a nosotros mismos y a nuestras relaciones"[16].

Goleman estableció tres facetas de la inteligencia emocional, también conocida como QE.

- **Autoconocimiento**: reconocer qué estamos sintiendo y por qué.

- **Autocontrol**: cómo manejamos emociones que afligen, nuestra capacidad de mantenernos sintonizados con ellas cuando es necesario, cómo alineamos nuestras acciones con nuestra pasión y cómo fomentamos emociones positivas.

- **Empatía**: nuestra capacidad de reconocer las emociones de otros.

Distintos científicos han llegado a la conclusión de que la QE es un factor importante para que una persona llegue a una posición superior en una organización[17]. Es una habilidad que permite a la persona gestionar a otros y persuadirlos a dar lo mejor de sí, a ejecutar con excelencia una estrategia a través de un equipo. Goleman lo explicaba de esta manera: la mayoría de los ingenieros, PhDs y profesionales de alto desempeño tienen un desvío estándar de QI de 115 o más. Eso significa que la mayoría de sus pares también tienen QI de 115 o más. Lo que distingue a un individuo que se convierte en líder es la QE.

Un ejemplo de la importancia de la QE en el liderazgo: Steve Jobs, cofundador de Apple, imaginó el iPhone. Él especificó a sus ingenieros cómo debía ser el dispositivo y armó un plan. Pero Jobs no diseñó el teléfono ni lo construyó. Los ingenieros lo hicieron. El QI le ayudó a Jobs a idear el producto—una solución creativa a un problema que se desviaba de lo que era estándar, conocido y esperado en ese momento—. Le ayudó a prever la oportunidad y a implementar una estrategia para que el mercado adopte su nuevo producto. La QE le ayudó a contar la historia del iPhone, a motivar a su equipo, a inspirar a la compañía y a los primeros compradores.

Habiendo entendido esto, algunas escuelas han invertido en desarrollar la QE de los niños. Las inversiones en desarrollo profesional de maestros y nuevo currículo llevaron a una mejora promedio de 10% en la conducta, los logros académicos y las habilidades sociales[18].

Nuestra comprensión de los factores que predicen el éxito ya no se limita a aquellos que han tenido el privilegio de nacer con un "QI alto". La combinación de habilidades cognitivas, personales y socioemocionales es el verdadero predictor del éxito. Cuando somos conscientes de nuestros sentimientos podemos procesar cualquier situación y usar habilidades cognitivas para tomar acción. Somos seres emocionales y, por lo tanto, debemos desarrollar tanto habilidades cognitivas como emocionales para convertirnos en seres humanos excepcionales.

La importancia de la QE es subrayada en un reporte de 2019 del Brookings Institute[19]. Predice que la inteligencia artificial (IA) seguirá reemplazando empleos que pueden ser automatizados, generalmente de salarios bajos, pero también empleos técnico-analíticos y profesionales. En otras palabras, la IA reemplazará trabajos que requieren repetición y aquellos que están altamente correlacionados con el QI. Por otro lado, los empleos que requieren de relaciones interpersonales, como aquellos en educación, apoyo a la salud y servicios de cuidados personales probablemente sobrevivan al advenimiento de la IA. Estos empleos están altamente correlacionados con la QE.

En Colombia, los maestros de Andrés invirtieron en aumentar su QE junto con su QI, nutriendo y sacando el líder genial que había dentro de él. Gracias a esto, se graduó de la universidad en comunicaciones y comenzó a trabajar en el Ministerio de Comunicaciones y Tecnología de su país. ¡Allí creó un programa nacional que permite a personas ciegas y sordas asistir al cine y comprender películas usando la tecnología! Ahora: imagina la vida de Andrés sin su experiencia escolar. Qué desperdicio de potencial habría sido para él mismo y para su país. Ahora piensa en todo el potencial sin explotar que hay ahí afuera, personas que nunca tuvieron la misma oportunidad que Andrés. ¿No estaríamos en un mejor lugar como sociedad si estos estudiantes realizaran sus potenciales? Hay una necesidad urgente de que nos enfoquemos en el *desarrollo humano*.

Desarrollando individuos excepcionales—genios creativos que logran expresar su potencial único—mejoramos toda la comunidad. En un artículo de 2008, *Educación y crecimiento económico*, varios académicos compartieron un análisis microeconómico revelador que puede resumirse de la siguiente manera: mejorar las habilidades cognitivas de cada estudiante, y no solo asegurar el logro escolar, podría permitir un crecimiento de un punto del PBI por año durante un período de 40 años[20].

"No tengo talentos especiales. Solo soy apasionadamente curioso", dijo Einstein. Imagínate si hubieras enseñado a Einstein, si fueras el maestro memorable del joven genio. ¿Cómo te sentirías? El hecho es que, ahora que entiendes qué es la genialidad, puedes darte cuenta de que, en este momento, mientras lees estas palabras, hay genios sentados en tu aula, esperando que los ayudes a liberar ese potencial.

CAPÍTULO 3

EL COMPROMISO DE UN MAESTRO

"Todos los niños necesitan un defensor:
un adulto que nunca se dé por vencido con ellos,
que comprenda el poder de la conexión e insista en
que se conviertan en lo mejor que puedan ser".

~Rita Pierson

En *The Cider House Rules* o *Las reglas de la vida*, película ganadora del Oscar, el Dr. Wilbur Larch (Michael Caine) ponía a los niños a dormir en el orfanato St. Cloud, en una zona rural de Maine, con el siguiente saludo: "¡Buenas noches, príncipes de Maine, reyes de Nueva Inglaterra!" Un niño pregunta: "¿Por qué el Dr. Larch nos dice eso todas las noches?" "El Dr. Larch nos quiere", responde otro niño. "¿Pero por qué hace eso?", insiste el primero. "Lo hace porque nos gusta", responde otro niño. "¿A ti te gusta, Curly?", desafía el primero. "Sí". "A mí también", dice nuevamente el primer niño.

Las reglas de la vida es ficción, pero nos enseña lecciones de la vida real que no tienen precio. La historia puede hacer que hasta al más macho se le humedezcan los ojos y que los más sensibles lloren a convulsiones. En esa escena, el Dr. Larch demuestra cuánto valora a los niños huérfanos a través de su saludo de buenas noches, que los niños interpretan como "amor". ¡El Dr. Larch nombra a los niños reyes de la ciudad y el estado en el que viven, con derechos soberanos hereditarios para gobernar!

De lo que los niños no eran conscientes es que tienen, realmente, el derecho soberano a gobernar sus propias vidas, igual que tú y yo. Somos todos de la realeza, con soberanía sobre nuestras experiencias de vida. Todos tenemos un potencial innato a hacer realidad, sin que importen las familias a las que pertenecemos, los países en los que nacimos o nuestro estatus socioeconómico. Al final de cuentas, lo más importante no es de dónde venimos sino hacia dónde nos dirigimos. Depende de nosotros aventurarnos a crecer o mantenernos en lo seguro. Nadie puede hacer esto por nosotros. Entender que todos somos realeza tiene una implicancia profunda: uno se respeta a sí mismo por su realeza y uno respeta a los demás porque ellos también lo son.

Por lo tanto, la próxima vez que veas a tus estudiantes recuerda esto: cada niño es único por naturaleza. No hay, ni habrá jamás, huellas dactilares como las suyas en el mundo. Cada uno de sus cerebros tiene 100.000 millones de neuronas, y puedes guiarlos para que con ellas den forma a $(100.000 \text{ millones})^n$ combinaciones y que formen redes neuronales: conocimiento, ideas, creaciones, conceptos y así sucesivamente. Estos son todos suyos y difieren de los de cualquier otro ser humano que haya existido, que exista o existirá. ¡Esa es la genialidad de tus estudiantes! ¿Qué sería del mundo sin cada uno de ellos? ¡Celebra su existencia y su potencial!

Los futuros brillantes de tus estudiantes solo son posibles a través del aprendizaje, porque el aprendizaje le da forma y saca afuera su genialidad. Cuanto más aprendan y experimenten, con la guía adecuada, más sabios serán. Por lo tanto, nunca limites sus aprendizajes, o estarás limitando sus experiencias de vida. Agradece cada día por las posibilidades que se presentan para cada niño. La única manera de tener alegría hoy es que amen lo que hacen hoy. Sal de tu zona de confort y ayuda a tus estudiantes a vivir sus vidas con plenitud.

Pero sé que esto no es fácil. Según el diccionario de la Real Academia Española, "compromiso" significa, por un lado, una "obligación contraída" o la "palabra dada"; y, por otro lado, significa una "dificultad, embarazo, empeño". Un compromiso es un desafío y una promesa. La educación es realmente el compromiso de un maestro. Por un lado, se compromete a promover el logro humano. Por otro lado, en este camino para cumplir con su compromiso los desafíos de su trabajo son enormes.

La profesión del maestro es, en mi opinión, una de las más nobles. Los maestros comprometen sus vidas profesionales a ayudar a que florezca el desarrollo humano. Sin embargo, hasta una mirada superficial a los datos muestra la profundidad de los desafíos que enfrentan hoy[21]:

1. Más de 200.000 maestros dejan la profesión cada año, y de ellos, dos tercios lo hacen por razones distintas a la jubilación.

2. El 50% de los maestros ha pensado en renunciar.

3. El 58% de los maestros dice que su salud mental "no es buena". Son quienes están en un aula con tus hijos en este momento.

4. El 72% de los maestros informa que ha sentido una presión de moderada a extrema para mejorar los resultados de los exámenes

de sus alumnos, y la presión viene de los concejos escolares y las administraciones de las escuelas.

Según el Instituto de Políticas de Aprendizaje en los EE. UU., que conduce y comparte investigaciones relacionadas con la política y la práctica educativas, el éxodo de maestros nuevos después de su primer año enseñando podría reducirse a la mitad con mentorías de calidad, con una integración efectiva de nuevos maestros a la cultura de la escuela, con colaboración y con más recursos. Lamentablemente, solo 3% de los maestros que comienzan obtiene apoyo de este tipo[21].

Según el Centro Nacional de Estadísticas Educativas (NCES por sus siglas en inglés), para el año 2028 el sistema educativo de EE. UU. necesitará 3,9 millones de maestros, 7% más que en 2016[22]. Al mismo tiempo, hay una clara y comprensible presión por ir hacia un modelo de aprendizaje más personalizado, en el que cada niño reciba la atención necesaria para aprender bien. Bajo el actual marco educativo, un modelo más personalizado requiere duplicar la cantidad de maestros en las escuelas de EE. UU., de modo que las clases pasen a tener aproximadamente 10 estudiantes o menos.

Tener clases así de pequeñas permitiría a los maestros proporcionar una atención más personalizada a cada estudiante. Pero ¿Cómo pensar siquiera en un aprendizaje personalizado si la cantidad de maestros talentosos se está reduciendo y si quienes se quedan dicen que su salud mental "no es buena"? Más aún, ¿Cómo pueden enfocarse los maestros en personalizar las experiencias educativas de sus estudiantes si el sistema pide un mejor desempeño en pruebas estandarizadas? Es realmente el compromiso del maestro: el deseo genuino de cumplir con su promesa y los desafíos de hacerlo dentro de un modelo de educación del siglo XIX.

~ UNA HISTORIA CONOCIDA: LA VIDA DE UNA MAESTRA ~

Entrevisté a muchos maestros para explorar de primera mano sus experiencias. Entre muchas otras historias, la siguiente resume lo que expresaron muchos de ellos. Quiero que esta maestra cuente su propia historia, así que aquí está, con su voz.

Soy Chanel Williams, una maestra de bachillerato.

Cuando iba a la escuela primaria, yo solía jugar a la maestra con mi hermano. Disfrutaba ayudándolo a aprender. Él tenía algunos problemas, sobre todo con la lectura. Yo le hacía preguntas, lo ayudaba con sus tareas y lo inspiraba. Bueno, la parte de la inspiración era un poco difícil; básicamente se reducía a que yo le dijera: "¡no renuncies! ¡No te me escapes!" Yo realmente creía que mi hermano era inteligente. Me importaba y quería que le fuera bien.

Yo venía de un origen humilde; vivía con mi familia en Hollywood, Florida. Iba a la escuela pública. En la escuela nadie reconoció en mí ninguna pasión en especial. Era un estudiante más que cursaba el sistema; me sentaba en las clases, hacía lo que me decían. Terminé ingresando a la universidad para ser maestra.

¡Cuando empecé a enseñar me arremangué y me preparé para trabajar duro! Como la mayoría de los maestros, quería salvar al mundo. Comencé a hacer una diferencia con una pasión implacable; enseñaba historia y estuve imparable por cuatro años . . . hasta que me golpeé con la realidad. Fue en 2008, cuando la recesión cambió mi dirección. Los recortes presupuestarios hicieron que la única manera en que la administración me pudiera mantener en el sistema fuera enseñando lectura.

Acepté el desafío, creyendo que tendría el apoyo necesario de la administración y del distrito, incluyendo material y desarrollo profesional. Pero no fue así. Faltaban recursos, lo que puede afectar significativamente la educación de un niño. Muchos de mis estudiantes de bachillerato no sabían leer. Habían sufrido muchos traumas y vivían en la pobreza. Yo estaba sola—con apenas mi imaginación, mi voluntad y mi motivación—para enseñar a estos niños.

Me esforcé mucho. Pero después de cuatro años sin ser apreciada y sin recursos, me di por vencida. Dejé el sistema y me tomé un tiempo para una búsqueda interna. Fue difícil. Me sentía muy mal por mis estudiantes. Me di cuenta de que me encantaba enseñar y no me veía haciendo ninguna otra cosa. Recordaba enseñarle a mi hermano y realmente quería ayudar a otros niños. ¿Cómo podía dejar eso? Así que volví a mi pasión.

Después de seis meses, empecé a trabajar en una escuela concertada, ¡pero resultó peor que mi experiencia anterior! Mi trabajo no era apreciado. Dejé a esta escuela para volver a una escuela pública en el condado de Miami-Dade. Esta escuela en particular estaba intervenida por el Estado de la Florida porque venía de años de mal desempeño. El estado estaba experimentando un nuevo concepto, transformación educativa. Yo tenía un gran apoyo, pero la escuela era realmente difícil para los estudiantes. Era un ambiente de alta presión para todos. Además, siempre estaba siendo vigilada y nunca tenía tiempo de descanso. En mi opinión, uno puede vivir bajo este tipo de presión solo por un tiempo limitado. ¡A los maestros no nos asusta trabajar mucho, pero necesitamos espacio para respirar!

Sin embargo, esa experiencia me enseñó a tomarme en serio la ciencia de la educación, a estudiar la evidencia y las investigaciones. La responsabilidad me enseñó a mirar la ciencia, a explorar los efectos de la pobreza, de la estructura familiar, la comunidad, las asociaciones: a mirar al niño en su conjunto. Construí sobre los cimientos de mi primera experiencia enseñando y, gracias a mis prácticas, recibí muchos premios, incluyendo un Certificado de Reconocimiento Parlamentario Especial de parte de la Cámara de Representantes de los EE. UU.

Después de tres años en Miami-Dade, en un contexto de bachillerato y post-bachillerato, volví a una escuela en el condado de Broward. La situación era peor a la que había abandonado en 2012. Las escuelas persiguen los resultados de los exámenes y los estudiantes funcionan en piloto automático. El contenido y el proceso actuales para enseñar a los niños simplemente no funcionan. Estos chicos son muy inteligentes, están muy al tanto de lo que está ocurriendo. Pero el sistema los ha entrenado a creer que ir a la escuela es la única opción que tienen para obtener un empleo y que el sistema sabe lo que necesitan más que ellos mismos.

Estos niños pueden hacer tantas cosas hoy, con las capacidades y habilidades que tienen, pero el ambiente en el que aprenden no los nutre. Mis colegas y yo lo vemos todos los días. A los 2 años, un chico puede acceder a mucho contenido con la tecnología, puede manipularla mejor que nosotros y puede utilizarla de muchas maneras. Estos chicos son súper inteligentes, mini genios a los 5 o 6 años por la información a la que tienen acceso y por lo que hacen con ella.

Entre los 2 y los 6 los niños son muy creativos e imaginativos. Tenemos una gran oportunidad de nutrir a estos chicos para que se conviertan en solucionadores de problemas creativos e innovadores que puedan hacer frente a los grandes temas del mundo. Necesitamos nutrir a los chicos para que se hagan cargo de sus destinos. Nuestro sistema educativo no se da cuenta de que todos nuestros niños son dotados.

Desde las trincheras, este es mi ruego a los líderes educativos: necesitamos reestructurar el sistema. Apenas estamos manteniendo el statu quo, y los lideres más innovadores no logran tracción. Necesitamos una reestructuración de contenido, de modelos de instrucción y de estrategias. Simplemente no veo que el sistema esté usando la ciencia para conectar a la educación con lo que está sucediendo hoy.

Sea lo que sea que estén aprendiendo hoy, los chicos están aprendiendo sobre el pasado, donde todas las preguntas ya fueron respondidas. En cambio, deberíamos estar haciendo hoy las preguntas para resolver los problemas de hoy, que impactarán sobre nuestro futuro. Si yo fuera superintendente del estado haría lo siguiente:

- Desafiaría la manera en la que hoy se sistematiza la educación.

- Cambiaria los exámenes. No creo que el futuro de un niño deba depender de una evaluación de contenido. Podemos evaluar a los niños de otras maneras que nutran su potencial.

- Realizaría varias innovaciones-piloto en educación, lejos de la enseñanza tradicional.

- Trabajaría con universidades para probar teorías educativas.

- Me asociaría con compañías locales. Son parte de un grupo interesado que debe apoyar a nuestras escuelas.

Al final de cuentas, es donde se está formando nuestra fuerza de trabajo.

Todo el tiempo escucho que no tenemos el presupuesto para esto o para aquello. Si queremos que este país avance años luz, y que prepare un camino para la prosperidad, tenemos que invertir en nuestros niños.

Ser un maestro es duro. Ser un educador es una vocación. Puedes cambiar vidas de muchas maneras distintas, incluso fuera del aula como administrador, instructor virtual o a través de tus propias estrategias. ¡Necesitamos maestros! Las personas más importantes, quienes cambiaron el curso de la historia, fueron educadores: Buda, Jesús, Gandhi y tantos más. Siempre necesitaremos maestros.

Esto es lo que le quiero decir a los maestros nuevos, aunque sea un cliché: no lo hacemos por el dinero. Desgraciadamente, puede tomar muchos años hasta que te ganes el respeto de otros. Cuando comiences, tienes que hacerlo bien consciente de que habrá días en los que querrás renunciar, que te darás la cabeza contra la administración y contra colegas, y que verás cosas casi inhumanas. Si quieres ver impacto, tienes que empezar contigo mismo, buscando bien profundo. Estás haciendo una diferencia. Pequeñas cosas que les dices a tus estudiantes hacen la diferencia.

Los chicos te recordarán por eso, no por el contenido que les estés enseñando. Algunos de mis exestudiantes se me acercan y me dicen: "usted nos habló sobre la vida y sobre cómo nos entendía". Mis estudiantes me agradecen, al menos unos pocos de ellos.

Los chicos se dan cuenta de los maestros a quienes les importa. A veces han vivido más que nosotros por sus circunstancias. Han visto tanto en tan poco tiempo . . . Saben cuáles maestros no están realmente enseñando o a quiénes no les importa. También saben a quién realmente sí le importa. Harán cualquier cosa por ti mientras les demuestres que los respetas como personas decentes y los trates como seres humanos. La recompensa de ser un maestro es ser parte de las trayectorias de vida de otras personas, ayudarlas a cumplir su destino y su propósito en la vida. Como maestro, no serás millonario . . . ¡Salvo que ganes la lotería! La educación es una vocación.

Tengo muchos recuerdos de mis estudiantes. Una, en especial, me inspiró a seguir en esta profesión cuando yo dudaba. Yo había armado un club llamado "El Equipo de los Sueños de Darfur" para recaudar fondos para comprar ropa, suministros y material educativo para los niños de Chad, un país que en ese momento atravesaba una guerra civil. Teníamos posters emotivos por todo el campus. Mis estudiantes no estaban al tanto de cómo la guerra puede generar traumas en los niños. Una vez que entendieron, estaban listos para contribuir.

Esta estudiante en particular me conto que quería ser abogada. Yo recordé que cuando tenía su edad, ya quería ser una maestra, pero nunca había tenido la oportunidad de compartir esa pasión con mis maestros. Estaba tan contenta de poder ayudarla y guiarla hacia su objetivo. Dos años después, consiguió una beca para convertirse en una abogada de derechos humanos. Hice una diferencia en su vida y en las de muchos otros.

Espero, realmente, que los directores, maestros y líderes lean este mensaje. Tenemos que pensar en el niño en su conjunto. Debemos dejar de tomar decisiones basadas solo en nuestros intereses. Debemos escuchar las voces de nuestros estudiantes, junto con las de los maestros comprometidos, y estaremos inmensamente bendecidos como maestros y como país por los beneficios que una educación de verdad les brindará a nuestros estudiantes.

El compromiso de un maestro es el compromiso de un héroe. Mientras se esfuerzan por ayudar a los niños, los maestros enfrentan desafíos distintos de los de cualquier otra profesión. ¿Y si pudiéramos ayudarlos hoy mismo a los maestros sin tener que cambiar el sistema escolar?

CAPÍTULO 4

¿DEBERÍAMOS CERRAR TODAS LAS ESCUELAS?

"¿La diferencia entre la escuela y la vida? En la escuela
primero te enseñan la lección y después te dan la prueba.
En la vida te dan una prueba que te enseña una lección".

—Tom Bodett

¿Tú qué crees? ¿Deberíamos cerrar todas las escuelas? Me pregunto si tu opinión será la misma al terminar de leer el capítulo.

A principios de la década de 1950, el Departamento de Educación de Nueva York le preguntó a Albert Einstein qué deberían enfatizar las escuelas. Por entonces, Einstein vivía en Princeton, Nueva Jersey, y era profesor en la Universidad de Princeton. Ya tenía décadas de exposición a los medios del mundo y se había hecho muy popular como un genio. Su opinión importaba porque era un hombre que había demostrado su capacidad para explorar lo desconocido. Einstein dio una respuesta y un consejo muy meditado.

"[Las escuelas deberían enfatizar] la enseñanza de la historia. Debería haber una discusión extendida de las personalidades que beneficiaron a la humanidad a través de su independencia de carácter y de juicio. (…) Los comentarios críticos de los estudiantes deberían ser tomados con un espíritu amigable. La acumulación de material no debería sofocar la independencia de los estudiantes" [23].

Einstein resumió así la educación que a él le hubiera encantado recibir en la escuela. Leyendo entre líneas, podemos entender que quería que las escuelas modelaran personas exitosas, identificaran sus hábitos y ayudaran a los niños a aprenderlos. Quería que las escuelas fomentaran la indagación y que se enfocaran en la imaginación por sobre el mero contenido. Efectivamente, cada invento, producto, diseño, pieza de arte o de música, líder destacado, atleta, libro o película tuvo origen en la mente de *una* persona. Alguien soñó algo y actuó para darle vida. Significa que el genio ya está dentro de la persona, simplemente esperando para florecer.

La escuela es el lugar ideal para el comienzo del niño, para permitirle equivocarse, para ayudarlo a ponerse nuevamente de pie y guiarlo para que pueda hacer realidad su potencial. Quizás, allá por la década de 1950, Einstein imaginaba el futuro como es hoy, tan bien conectado como los átomos que estudió por tanto tiempo. Él predijo que tendríamos que anclarnos en la creatividad y la imaginación para diseñar el mundo en el que vivimos.

En 2010, 60 años después de las recomendaciones de Einstein al Departamento de Educación de Nueva York, el experto en creatividad Sir Ken Robinson presentó uno de los videos sobre educación más vistos y de mayor impacto en YouTube, *Cambiando los paradigmas educativos*. Allí explica cómo estaba encarando la reforma educativa y en qué se estaba enfocando cada país del mundo. Robinson habló de la falta de alineamiento entre lo que los niños necesitan y los sistemas escolares que los países estaban reformando para cumplir con los requisitos del siglo XXI. Su mensaje creó la conciencia de que debemos avanzar con las reformas escolares. Sin embargo, después de una década no hemos dado pasos significativos. Sí tenemos "núcleos de innovación" en escuelas aisladas, pero tenemos muy poca (si alguna) capacidad para escalar estas innovaciones.

~ LA HISTORIA DE LAS ESCUELAS PÚBLICAS NOS FRENA ~

En Europa la escuela pública obligatoria comenzó en 1524 a propuesta de Martín Lutero, quien creía que sería una manera efectiva de adoctrinar a los niños dentro de su nueva iglesia luterana. Convenció a los políticos de que la escuela pública fortalecería el poder del estado, y convenció a las familias de que brindaría iguales oportunidades de educación para todos los niños quienes, así, tendrían una mejor probabilidad de ser exitosos social y económicamente.

El modelo de la "escuela fábrica" tal como lo conocemos fue concebido por primera vez en 1717 por el rey Federico Guillermo I de Prusia, quien preparó el camino para que muchos países del mundo lo adoptaran. Los sistemas de escuelas públicas se organizaron para preparar a los alumnos de forma agrupada, donde todos seguían el mismo formato y el mismo currículo al mismo tiempo. La escuela no ha cambiado mucho desde ese formato del siglo XVIII, aun cuando hay mucha investigación y práctica que dicen que debería transformarse.

Las familias estaban convencidas de que la escuela era la mejor oportunidad que tenían sus hijos para tener una vida mejor, así qué a muchos de nosotros se nos enseñó a estudiar duro, a trabajar duro, a ser honestos, tener una familia, comprar una casa, tener cada tanto unas lindas vacaciones para, finalmente, jubilarnos y marcar la casilla de ser prósperos y felices. Esta es la definición de éxito que diseñó alguien más, y comenzaba estudiando duro en la escuela. ¡Por supuesto, nadie nos dijo directamente que solo podíamos ser completamente exitosos al final de nuestras vidas! Nos enseñaron a ir desde el nacimiento hasta la muerte sin molestar demasiado a los demás.

La escuela era el punto de acceso definido para este éxito, y así comenzamos a trabajar a los 5 años en nuestro camino de vida en jardín de infantes. Durante todos nuestros años de escuela, los maestros nos decían exactamente qué hacer para ser exitosos: qué animales pintar, qué materias aprender, qué libros leer, qué exámenes tomar, a qué universidades asistir, qué empleos elegir y así sucesivamente. Estábamos destinados a pasar la mayor parte de nuestro tiempo en "modo automático", en un camino totalmente no consciente, creyendo que estábamos haciendo lo correcto. La certeza de este trayecto puede ser muy cómoda, y esa comodidad nos condiciona a evitar la incertidumbre; pero el mundo es impredecible e incierto: lo opuesto a aquello para lo que fuimos educados.

La pasión, por ser tan subjetiva, era ignorada en la escuela. Al final de cuentas, solo un grupo selecto de personas logró éxito profesional siguiendo sus pasiones. Es demasiado riesgoso que los estudiantes inviertan en ello. Aprendimos a descartar nuestros deseos más profundos para cumplir con la definición de éxito de alguien más sin siquiera darnos cuenta. ¿No es irónico que tantos discursos de graduación incluyan consejos como: "¡Sigue a tu pasión! ¡Escucha a tu corazón!" ¿Cuándo aprendimos a seguir nuestra pasión? ¿Acaso tienen una pasión los estudiantes? ¿Cómo podemos pedirles que escuchen a sus corazones cuando apenas pueden oír sus latidos?

Las decisiones y las acciones más pequeñas que tomamos en las escuelas tienen impactos significativos en las vidas de los estudiantes. Imagínate decirles precisamente qué hacer durante cada momento del día por 12 años. Esto construye conformismo, no singularidad. Mata la iniciativa, la creatividad y la acción, y puede limitar a sus cerebros por el resto de sus vidas. Siguen órdenes durante tanto tiempo que se les hace natural. Les puede dar miedo tomar la iniciativa de hacer cualquier cosa por fuera del statu quo o de perseguir sus sueños, porque serán juzgados por ello. Dudan de hacer cualquier cosa que no esté en línea con las instrucciones que reciben, porque hacerlo podría llevar a ser etiquetados como un fracaso. Demasiado a menudo, un estudiante que es inconformista en este sentido puede ser medicado con drogas como la Ritalina, para que puedan cursar la escuela como un "chico normal".

Esto es lo que están haciendo los estudiantes en las escuelas hoy, y esto es lo que aún repiten y cultivan para la adultez las organizaciones fallidas. La cadena de comando piramidal, donde los jefes dictan las órdenes porque ellos saben más, refleja el sistema escolar industrial en el que los maestros son la fuente del conocimiento. Los empleados siguen órdenes al pie de la letra, haciendo solo lo necesario para "sobrevivir", enfocándose en corregir errores o equivocaciones en lugar de buscar la excelencia. Al final de cuentas, eso es lo que han aprendido en sus exámenes, cuando los maestros marcan los errores con aquel bolígrafo rojo.

Este no es el tipo de educación que los estudiantes necesitan para el mundo de hoy. Comparto un ejemplo de mi experiencia. Mi primer trabajo real fue con una *startup*, a los 18 años, mientras asistía a la universidad. Éramos cuatro personas y, aunque me habían contratado para desarrollar software, teníamos que hacer prácticamente todo, desde contestar el teléfono hasta servirle café a los clientes, diseñar presentaciones y escribir propuestas. Así es la vida en una *startup*. Un día, mi gerente me pidió que enviara una propuesta a un cliente por fax. (Sí, fue hace mucho tiempo, y no, por entonces no teníamos correo electrónico.) Le pregunté a mi gerente el número de fax y me contestó: "¡No sé! ¡Averígualo tú!" Esa interacción mundana me cambió la vida. Me di cuenta de que siempre me habían dicho qué hacer y me habían proporcionado las herramientas para hacerlo, pero que en el mundo real las cosas no funcionan así. En el mundo real cada uno tiene que encontrar los recursos que necesita y hacer que las cosas sucedan. Me tomó un tiempo, pero encontré el número de fax del cliente.

Esta experiencia me hizo dar cuenta de que, para que las cosas sucedieran, yo tenía que actuar. Me empecé a sentir incómoda con lo habitual, con solo cumplir órdenes. Quería convertirme en alguien que contribuyera más significativamente al mundo con acciones simples que lograran que las cosas fueran extraordinarias. De allí en más empecé a tomar la iniciativa de actuar a partir de mis observaciones de lo que hacía falta. A la larga esto fue positivo, me convertí en socia de la compañía y, más adelante, después de vender mis acciones en la *startup*, tuve una carrera exitosa en el mundo corporativo norteamericano.

~ LAS CONSECUENCIAS DE LARGO PLAZO CUANDO SE DESCONECTA LA APRENDIZAJE DE LA PASIÓN ~

En ese mismo año de mi primer trabajo una amiga me invitó a un concierto. Estaba muy cansada ese fin de semana, pero fui igual. ¡Resultó una experiencia extraordinaria! La cantante brasileña Ludmila Ferber y su banda nos encantaron por horas que parecieron minutos. La voz de Ferber sonaba como las olas del océano en una noche calma de luna llena. Manejaba los cambios de tonos con total facilidad. Las letras, que escribió ella misma, se unían a la melodía y disparaban directamente desde el cerebro al corazón.

Al final del concierto, mi amiga logró que entráramos al *backstage* y tuve oportunidad de hablar con Ferber. "Quiero cantar como tú lo haces. ¿Cómo puedo hacerlo?", le pregunté. Siempre había sido una amante de la música y el concierto me había inspirado. Ella me respondió preguntando: "¿Qué quieres para tu vida? ¿Cuál es tu pasión?" Me quedé mirándola boquiabierta. "¿Qué? ¡No sé!", le respondí, encogiendo mis hombros. "Voy a la universidad, estudio para ingeniera. ¿Está bien?" Me miró a los ojos, profundamente, y me dijo: "Cuando averigües cuál es tu pasión, vuelve y hablamos de nuevo". Ferber se dio vuelta y en ese momento desee haber podido decir con claridad cuál era mi pasión.

Por entonces no tenía una pasión. Toda la vida me habían dicho qué hacer. Yo pensaba que la decisión de ser una ingeniera se traducía en una "pasión" pero, en verdad, no tenía ni idea. He visto historias como la mía repetidas en las vidas de muchos estudiantes, y mi trabajo busca cambiar eso.

Poco a poco, las escuelas desconectan a los niños de sus pasiones, como mostraba el estudio relacionado con genios creativos del Dr. Land descrito en el Capítulo 2. Obligar a los estudiantes a aprender algo no relacionado con sus intereses o pasiones les causa aburrimiento, estrés frente a los exámenes y un menor entusiasmo por aprender. Al crecer con este modelo, muchos estudiantes experimentan niveles disminuidos en sus cerebros de serotonina y dopamina, dos neurotransmisores. El cuerpo se acostumbra a esta mezcla de químicos[24]. La serotonina es responsable de la satisfacción y la dopamina es responsable del entusiasmo. Niveles bajos de estos neurotransmisores llevan a apatía, falta de motivación, falta de interés, ansiedad por un futuro incierto y depresión.

De ninguna manera estoy diciendo que las escuelas sean la única causa de la depresión y ansiedad de los estudiantes. Sin embargo, debemos reconocer que ellos pasan una parte significativa de sus años de juventud en la escuela, y que lo que ocurre en ese ambiente juega un papel fundamental en su desarrollo. La escuela influye directamente sobre el cerebro a partir de lo que los niños aprenden y escuchan, con lo que se involucran y lo que experimentan.

Más allá de la causa, las escuelas están trabajando para una generación con altos niveles de ansiedad y depresión. En los últimos 25 años, la depresión y la ansiedad entre adolescentes han aumentado un 70%[25]. El *Journal of Social & Personal Relationships* informó que los adolescentes son la "generación más solitaria": solo 28% comparte tiempo con amigos todos los días y 38% se siente solo a menudo. En una encuesta del Pew Research Center de fines de 2018, el 70% de los adolescentes de entre 13 y 17 decía que la depresión y la ansiedad era un tema significativo entre sus pares.

Tómate un momento para examinar esta situación. ¿Experimentaste estrés y ansiedad en la escuela? Y tus pares: ¿Cuál era su estado emocional en tiempos de exámenes, finales y entregas? Es muy probable que muchos de tu grupo, incluyéndote, hayan experimentado estas emociones indeseables. Ahora imagínate el impacto de estas experiencias cuando los jóvenes maduran dentro de la fuerza de trabajo sin las herramientas y las habilidades para manejar sus estados emocionales. Globalmente el impacto es tan grande que el Foro Económico Mundial ha informado que alrededor de 4% de la población del mundo está diagnosticada con desórdenes de la ansiedad. También estima que 62% de las personas no recibe tratamiento alguno por este desorden y que, para 2030, los temas de salud mental costarán a la economía mundial 16 billones de dólares[26].

La mala noticia es que la falta o exceso de uno o más neurotransmisores en el cerebro pueden convertirse en una adicción para el cuerpo, creando un círculo eterno de desequilibrio. Las drogas recetadas o recreacionales y el alcohol estimulan la producción de neurotransmisores como la epinefrina, la dopamina y la serotonina, brindando una sensación de bienestar. Sin embargo, una vez que desaparece el efecto, vuelve el desequilibrio, fomentando una adicción a la droga para producir los neurotransmisores relacionados.

La ansiedad y la depresión, o una dosis continua de norepinefrina de cualquier fuente, reducen la motivación para actividades como el trabajo, el ejercicio o relacionarse con otros. Aumentan la presión sanguínea, poniendo al cuerpo en un estado casi constante de "lucha o huida", y aumentan el apetito por comida reconfortante, lo que puede llevar a enfermedades cardíacas. Cuando esto comienza en la niñez o la adolescencia suele persistir durante la adultez[27].

La escuela adormece el cerebro a demasiados estudiantes, causando falta de satisfacción, aburrimiento, estrés y ansiedad cuyas fuentes no pueden identificar. ¿La consecuencia? La indiferencia, que llevan consigo hacia el mundo del trabajo y que convierten en una desconexión deliberada. Esto representa, según un informe de Gallup de 2013, pérdidas anuales de productividad de 300.000 millones de dólares. Más del 87% de los norteamericanos está activamente desconectado de su trabajo. ¿Están siguiendo sus pasiones y haciendo realidad sus sueños? Los números parecen indicar lo contrario.

Es una dura realidad. Cuanto más nos desconectamos de lo que amamos y del placer que nos brinda dedicarnos a eso, mayor es el impacto negativo en el resto de nuestra vida. Land, Sagan, Robinson y muchos otros nos han advertido que esto está ocurriendo en nuestras escuelas. ¿Acaso la solución sea cerrar todas las escuelas? Mi humilde opinión: de ninguna manera. Sin embargo, invertir un día más en educar a los niños como lo hacemos hoy, en un sistema donde prevalece el rigor sobre la relevancia, es un desperdicio de potencial y de mentes talentosas. ¿Qué hacer?

Yo no estoy calificada para dictar cómo deberían funcionar las escuelas o cómo deberían ser. Pero presento lo que sigue desde mi experiencia trabajando en educación, mis conocimientos de la tecnología, mi compresión de lo que está viniendo con la inteligencia artificial y mi compromiso de construir juntos algo valioso.

Primero, debemos dejar de hablar de cerrar escuelas, de culpar a los maestros o a los estudiantes, o incluso al sistema. Cuanto más tiempo usamos para quejarnos, menos usamos para actuar. Segundo, debemos entender que es increíblemente desafiante cambiar un sistema de dos siglos. Por lo tanto, debemos reemplazar en nuestro vocabulario la palabra "cambio" por "desarrollo". Sí, el sistema actual fue concebido para la era industrial. Pero cuando llegó la era del conocimiento, no reemplazó a la era industrial, sino que, más bien, creció a partir de ella. Así debería ser con el sistema educativo, que pueda crecer desde el formato de escuela cinta transportadora al formato de escuela que fomenta el potencial. Tercero, debemos actuar y hacer que ocurra, teniendo una visión de la escalabilidad del sistema.

~ CÓMO MEJORAR LAS ESCUELAS AHORA MISMO ~

Podemos encarar la desconexión del aprendizaje de la pasión, y la consiguiente desconexión en el trabajo, con la generación que está hoy en la escuela. Más allá de la situación actual en cualquier sistema escolar, la neuroplasticidad del cerebro permite que los seres humanos cambien su comportamiento, su humor y su visión sobre la vida. Cuando los neurotransmisores se prenden, es una acción potencial. Cómo actuemos y reaccionemos a eso creará un equilibrio o un desequilibrio de neurotransmisores. Ciertos tipos de terapias psicológicas, por ejemplo, nos dan la conciencia cognitiva para controlar nuestros pensamientos y acciones. Se puede, con tiempo, reemplazar un mal hábito con un buen hábito: cuando un mal hábito es activado, hay que practicar conscientemente cambiar la reacción a una recompensa determinada. Por ejemplo: quiero terminar con el mal hábito de comer dulces; entonces, cada vez que tengo ganas de hacerlo, decido tomar un vaso de agua; con el tiempo, el mal hábito de comer dulces se convertirá en el buen hábito de hidratarme. ¡Y no voy a aumentar de peso!

Los resultados positivos de la terapia influyen directamente en la economía: cada dólar invertido en el tratamiento de desórdenes mentales otorga un retorno de 4 dólares en productividad laboral[28]. De la misma manera, las experiencias positivas pueden mejorar el equilibrio de neurotransmisores en la mente, igual que las negativas. Esto está bien comprobado en la ciencia de la neuro plasticidad, también conocida como plasticidad cerebral. Ésta ha mostrado que nuestras actividades, experiencias—positivas y negativas—e innumerables otros factores pueden disparar en nuestros cerebros un crecimiento de nuevas conexiones neuronales, fortalecer las existentes y acelerar las transmisiones entre neuronas. Estos cambios pueden ocurrir a cualquier edad[29].

Para las generaciones más jóvenes, una experiencia escolar positiva puede contribuir a un equilibrio saludable de neurotransmisores. Los niños deben desaprender la idea de que han nacido con ciertas cualidades que definen lo que serán en la vida. En cambio, deben aprender que pueden desarrollar la capacidad de ser lo que quieran ser. La investigación de la psicóloga y profesora de Stanford Dr. Carol Dweck muestra que este tipo de enseñanza lleva a los niños a desarrollar dos mentalidades muy diferentes[30]:

- **Mentalidad fija:** cuando se les enseña o se los trata como si hubieran nacido con ciertas cualidades inmodificables, explica Dweck, "los estudiantes creen que sus capacidades básicas, su inteligencia, sus talentos, son solo características fijas".

- **Mentalidad de crecimiento:** cuando a los niños se les enseña que pueden aumentar su inteligencia, que sus cerebros pueden crecer y cambiar, dice Dweck, "creen que cualquiera puede hacerse más inteligente si trabaja en ello".

A una mentalidad fija le urge la perfección, y relaciona las recompensas con hacer precisamente lo que dicen los maestros. Un perfeccionista es el peor crítico de sí mismo, intentando constantemente ser merecedor, aceptando a otros solo a partir de características limitadas. La investigación de Dweck muestra que esto lleva a los estudiantes a enfocarse en parecer listos todo el tiempo, en nunca ser vistos como tontos ni intentar algo que podría no funcionar.

Cuando son guiados hacia una mentalidad de crecimiento, en cambio, los estudiantes "entienden que sus talentos y habilidades pueden ser desarrollados a través del esfuerzo, con buena enseñanza y persistencia. No creen necesariamente que todos sean iguales o que cualquiera pueda ser Einstein, pero creen que todos pueden ser más inteligentes si trabajan en ello", explica Dweck. Esto hace que, de manera apasionada y comprometida, dediquen el tiempo y el esfuerzo necesarios para logros superiores.

Si los niños aprenden que equivocarse es parte del proceso de crecer como seres humanos, es probable que compartan más respecto de qué les pasa y qué los motiva, brindando así a los adultos pistas para guiar su desarrollo. Una manera importante, gratis, rápida y efectiva en la que los educadores pueden mejorar la experiencia escolar es guiando activamente a los niños hacia una mentalidad de crecimiento, donde cada niño comienza de su punto actual de desarrollo.

Te invito a pensar en los siguientes cinco puntos para mejorar la experiencia escolar desde una perspectiva pedagógica. Sin duda, hay otras áreas a tener en cuenta, como la infraestructura, la compensación de los maestros, los recursos y así sucesivamente. Sin embargo, durante los últimos 15 años he visto a comunidades educativas encontrar un camino para mejorar enormemente las vidas de sus estudiantes comenzando por estos puntos. Se trata, muchas veces, de escuelas relegadas, donde los maestros desarrollan sus propios libros porque el sistema no proporciona libros de texto. Son escuelas sin tecnología, donde los estudiantes se dan maña para investigar las últimas novedades. Son escuelas superpobladas donde los maestros y los estudiantes trabajan juntos para ayudarse mutuamente y para que todos puedan aprender. ¡Si estas escuelas lograron ser exitosas, imagínate escuelas con todos los recursos! No hay excusa para no intentarlo.

~ 5 FUNDAMENTOS CLAVE PARA MEJORAR LA PEDAGOGÍA ~

1. **El sistema ya existe.**

Debemos comenzar desde donde estamos, desde nuestras prácticas actuales, de lo que sabemos. Ya hay muchos procesos y procedimientos funcionando. Mi objetivo es que puedas adoptar prácticas alineadas con las políticas existentes y que luego transformes las políticas en la medida en que veas resultados y domines las prácticas. Por ejemplo, abogar por eliminar las pruebas nacionales de un momento al otro es una pérdida de tiempo. En cambio, esfuérzate por demostrar a través de la acción que los estudiantes tienen más para ganar dedicando tiempo y atención a su autoevaluación. Luego, con el tiempo, las políticas evolucionarán y pasarán a reflejar esto.

2. **La escuela debe ayudar a cada niño a encontrar y perseguir su propósito de vida.**

Para aumentar el entusiasmo con el aprendizaje, los niños deben aprender todo el tiempo cosas relacionadas con sus pasiones, en el hogar y en la escuela. Esto produce naturalmente dopamina en sus cerebros, creando un ciclo de refuerzo positivo en favor de más aprendizaje. Por ejemplo, ¿sabes por qué a tantos niños les disgusta leer? Porque involucra leer libros que no disfrutan. Leer un libro no relacionado con tu pasión es tan aburrido como leer un manual; lo lees una vez, quizás, para aprender a operar algo, y luego lo descartas con la esperanza de nunca más tener que tocarlo. En cambio, anima a los niños a leer libros relacionados con sus intereses personales. En el aprendizaje, lo consciente y lo inconsciente deben trabajar juntos. El lenguaje de lo inconsciente está compuesto de emociones y formas, que es la razón por la que el aprendizaje efectivo tiene que ver con lo que amamos.

3. **La exposición social ayuda a los niños a aprender.**

¿Te has dado cuenta de que los niños aceleran su habla cuando comienzan jardín de infantes? Esta exposición social les permite compartir su conocimiento y aprender comportamientos unos de otros. Es la teoría social cognitiva del profesor de psicología de la Universidad de Stanford Dr. Albert Bandura, que discutiremos en los capítulos que siguen. Cuando están en una comunidad de aprendizaje de diferentes edades, habilidades e intereses, los niños evolucionan más rápidamente[31].

4. **Los estudiantes deben tener control de sus propios procesos de aprendizaje.**

Hace décadas que los investigadores en pedagogía han estado explorando nuevas metodologías de aprendizaje. Algunas son más destacadas que otras, pero todas incluyen la influencia del "tutor" en el proceso de aprendizaje. El aprendizaje basado en proyectos permite a los estudiantes descubrir sus pasiones a través de experiencias individuales y grupales. El aprendizaje personalizado alinea las experiencias de aprendizaje de los estudiantes con sus pasiones. El aprendizaje basado en competencias fomenta el necesario desarrollo de habilidades. El aprendizaje autónomo permite al estudiante aprender las prácticas que usará durante toda la vida.

Cuando aprendemos a tomar control del proceso de aprendizaje podemos ajustar y controlar cualquier situación. Una mentalidad de crecimiento se enfoca en el proceso, mientras que una mentalidad fija se enfoca en el resultado. La práctica deliberada del proceso de aprendizaje desarrolla habilidades cognitivas, socioemocionales y personales. Más sobre esto en el Capítulo 9.

5. **Los estudiantes deben practicar permanentemente la metacognición: reflexionar sobre cómo pensamos.**

Enseñar al niño la habilidad de la metacognición lleva a la autoevaluación de su progreso a cada paso de su proceso de aprendizaje. Crea autoconciencia de sus acciones, del esfuerzo en una tarea, de la calidad de su trabajo y del alineamiento de su trabajo con sus pasiones. Cuando usan la metacognición como parte de su proceso de aprendizaje, los estudiantes entienden de qué son capaces y cuánto pueden empujarse a sí mismos. Refinan su sensibilidad para observar dónde mejorar. La metacognición desarrolla resiliencia, autoestima, pensamiento divergente y más. A este proceso Bandura le da el nombre de dominio guiado, en el que los maestros apoyan a los estudiantes a alterar creencias respecto de lo que pueden lograr: un pequeño y manejable paso a la vez.

Más arriba en este capítulo discutimos que todo invento, producto, diseño, pieza de arte o música, que todo líder destacado, atleta, libro o película tiene su origen en la mente de *una* persona. Tú puedes ser esa persona, comenzando a imaginar la escuela en la que los niños desarrollen confianza creativa, donde florezcan como seres humanos, sean motivados a hacer realidad sus sueños y donde confíen en que tienen las habilidades para hacerlo. ¿Por qué no?

El futuro nos reserva el papel de la creación, así que aceptémoslo. Unamos fuerzas y equipemos a los estudiantes para que florezcan sus genios interiores durante todas sus vidas. Tú y yo podemos armar a los estudiantes con las herramientas para que sean exitosos. Y su éxito es nuestro éxito como individuos y como país.

CAPÍTULO 5

QUÉ ES LA INTELIGENCIA

"Antes de vencer en tu vida tienes
que vencer en tu mente".

~JOHN ADDISON

"No entiendo. Cuando estábamos recién casados hacías desayunos como los que hacía mi madre. ¡Ahora eres puro pulgares!", le dice George Jetson a su esposa, Jane Jetson, en un episodio del dibujo animado futurista *Los Supersónicos*[32]. Los de cierta edad recordarán verlo en TV. George quiere que su mujer le cocine en lugar de usar su nueva máquina de desayuno. Frustrado, George deja la habitación en una cinta transportadora, mientras Jane comienza sus tareas domésticas oprimiendo botones para que los robots hagan su lavado, planchado y limpieza, mientras se sienta cómodamente en su silla flotante. En ese futuro imaginado, las máquinas hacen todo por nosotros, lo que nos deja mucho tiempo libre para otras cosas. Para Jane, eso significaba mucho tiempo para disfrutar de sus obsesiones: la moda y los últimos dispositivos electrónicos. ¿Ya llegamos al futuro?

Usamos tecnología en la mayoría de las áreas de nuestras vidas. Piensa en tu experiencia de viaje, por ejemplo. Tienes acceso a todo a través de tu teléfono móvil: tu tarjeta de embarque, las películas del avión, un mensaje de texto con la ubicación de tu auto de alquiler, la llave digital de la habitación del hotel y comida de un restaurante cercano. Mientras las usas, estas aplicaciones están aprendiendo sobre tus preferencias, registrando datos que pueden ser analizados en cualquier momento para ofrecer nuevos ítems o servicios que podrías llegar a consumir.

Cuanto más interactúas con aplicaciones, más aprenden de ti. Con suficientes datos, las aplicaciones pueden predecir los productos y servicios que más te van a servir, estés donde estés. Este análisis de datos basado en la interacción es lo que llamamos inteligencia artificial (IA). Sus desarrolladores esperan que reemplace al personal de ventas en la zapatería, al gerente de la librería e incluso al *sommelier* de un restaurante elegante. Y a ti, por tu parte, ya no te molesta la publicidad porque de hecho te interesa lo que te está ofreciendo.

La IA es parte de tu vida diaria. Desde la tarjeta de puntos de tu supermercado local hasta la publicidad en tu navegador de internet, estás compartiendo preferencias personales a cambio de valor, tal como descuentos o servicios gratis. Es la nueva normalidad: ¡Y te gusta! Piensa en YouTube: ves un video y, mágicamente, la columna de la derecha se llena con docenas de videos sobre el mismo tema. ¿Y Netflix? ¿Te has dado cuenta de que te presenta la misma película con diferentes escenas? Está explorando tus preferencias, aprendiendo qué imagen te llama la atención y te hace dar clic. ¿Coincidencia? No: es la IA.

Algunos pueden pensar que, en educación, la IA se aplicará reemplazando a maestros en las aulas. Efectivamente, muchas compañías están probando precisamente este concepto. Otras están usando IA en sus aplicaciones para personalizar el contenido de acuerdo con los puntos débiles de los estudiantes, o para construir una *"playlist* de aprendizaje", llamado aprendizaje adaptativo. Por ahora, sin embargo, hay poca evidencia de que la IA sea efectiva en educación. Con el aprendizaje adaptativo, que es el que en este momento más usa IA, los alumnos pueden recordar algo para un examen, pero no hay garantía de que realmente hayan aprendido contenido que vaya a ser útil para ellos, ni que hayan aprendido una nueva habilidad.

En capítulos anteriores hablé de la genialidad en el interior de tus estudiantes y de cómo tú puedes ser el catalizador para que expresen su potencial. También discutí la importancia de las escuelas en este proceso. Ahora, con el creciente papel de la tecnología en nuestras vidas: ¿Cómo podemos usar la IA para beneficiar realmente a los estudiantes? Primero tenemos que entender cómo funcionan la inteligencia biológica (IB) y la inteligencia artificial, y luego cómo interactúan.

~ LA INTELIGENCIA BIOLÓGICA ~

Nuestros cerebros son el órgano más complejo de entender. ¡Queda tanto por descubrir! Ahora, tenme paciencia mientras profundizamos un poco sobre la biología del cerebro para ayudarte a comprender algo de la ciencia que hay detrás del nuevo marco de aprendizaje.

Simplificando para el propósito de este libro, el cerebro tiene cuatro partes principales:

* **Neocórtex:** responsable del conocimiento y de la conciencia subjetiva.

- **Mesencéfalo:** a cargo de las emociones, los hábitos y la mente inconsciente.

- **Cerebelo:** donde residen nuestros recuerdos y nuestra conciencia objetiva.

- **Tallo cerebral:** responsable de la comunicación entre el cerebro y el cuerpo.

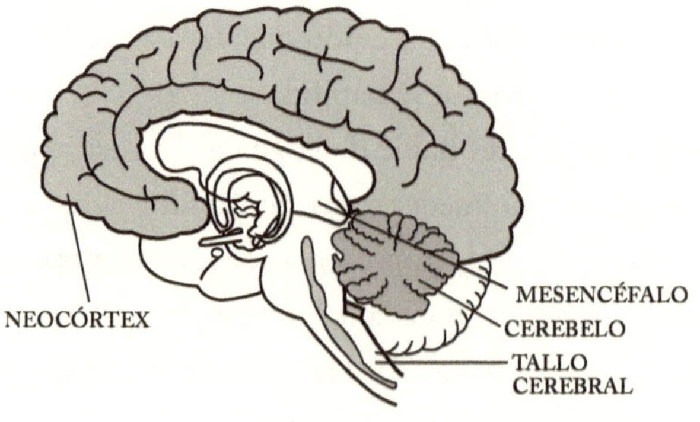

Figura 5.1. Las cuatro partes principales del cerebro.

El cerebro tiene 100.000 millones de neuronas que trabajan en sincronía para darle vida a tu realidad. Es como la melodía de la canción más hermosa que hayas escuchado en tu vida. Cada neurona tiene dendritas (la extremidad de la cabeza), un axón (cuerpo) y el axón terminal (extremidad inferior). A nivel celular, cuando aprendemos algo nuevo que nos interesa, las neuronas se "excitan" y conectan sus axones terminales con dendritas de otras neuronas a través de una conexión sináptica, que se "pega" con neurotransmisores como la dopamina, la serotonina y la norepinefrina. Los neurotransmisores son responsables de "excitar" a la neurona. Cuanto mayor sea la excitación de la neurona, más "fuerte" será la conexión con otras neuronas.

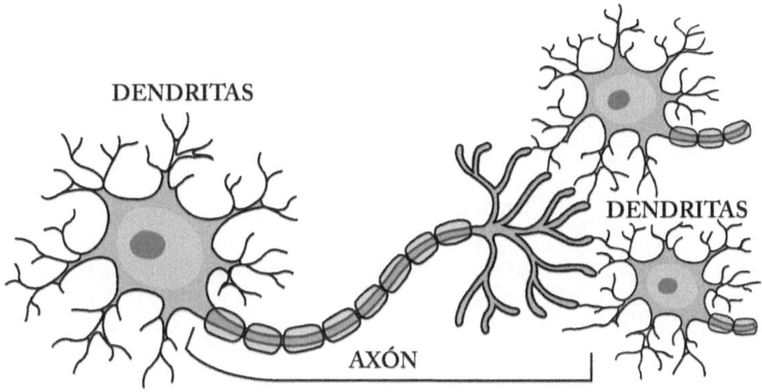

Figura 5.2. Una conexión neuronal.

Por el momento se han identificado más de 60 tipos de neurotransmisores—o pegamentos–, divididos en excitadores, inhibitorios o de ambos tipos. Los neurotransmisores excitatorios aumentan la actividad de la neurona después de la conexión sináptica; los neurotransmisores inhibitorios reducen la actividad de la neurona después de la conexión. Aunque los neurotransmisores se clasifican en seis tipos, solo nos enfocamos en tres que se relacionan con el aprendizaje: monoaminas, péptidos y aminoácidos.

Las **monoaminas** incluyen a cuatro neurotransmisores críticos:

1. La **epinefrina o adrenalina** (excitatoria e inhibitoria) es tanto un neurotransmisor como una hormona responsable por la excitación o el estrés. El cuerpo puede soportar solo unas pocas horas de excitación o estrés; demasiada epinefrina puede llevar a un estado de ansiedad, mientas que un nivel insuficiente puede llevar a la depresión.

2. La **norepinefrina o noradrenalina** (excitatoria e inhibitoria) es el neurotransmisor asociado con la "respuesta de lucha o

huida", una reacción de alerta ante el riesgo o el estrés. La falta o exceso de norepinefrina tiene los mismos efectos que los de la epinefrina.

3. La **dopamina** (inhibitoria) coordina los movimientos del cuerpo y las sensaciones placenteras, como las recompensas, la motivación y la atención.

4. La **serotonina** (excitatoria) regula y modula los estados emocionales, el sueño, la ansiedad, la sexualidad y el apetito. La falta de serotonina puede producir ansiedad y niveles excesivos pueden observarse en personas con autismo. Los medicamentos antidepresivos afectan los niveles de serotonina en el cerebro, mejorando el ánimo y reduciendo la sensación de ansiedad.

Los **péptidos** incluyen dos neurotransmisores:

1. La **oxitocina** es tanto una hormona como un neurotransmisor, relacionada con el reconocimiento social, los vínculos y la atracción sexual. Se la conoce como la "hormona del amor".

2. Las **endorfinas** promueven la sensación de euforia y las emociones positivas e inhiben las señales de dolor. Responden al dolor, el estrés, el miedo, el placer, el ejercicio, la meditación y otros estímulos, y son excitatorias e inhibitorias. Una falta de endorfinas puede crear o magnificar el dolor, la depresión, la ansiedad, los cambios de humor, la dificultad para dormir y otros problemas. Un exceso puede crear estados

artificiales de excitación. Las endorfinas juegan un papel en todo, desde las adicciones a la diabetes y al envejecimiento cerebral.

Finalmente, los **aminoácidos** incluyen dos neurotransmisores:

1. El **ácido γ-aminobutírico (GABA)** (inhibitorio) regula la visión, el control motor y la ansiedad. Ayuda a contrarrestar los mensajes excitatorios y regula los ciclos diarios de sueño y vigilia. Los medicamentos que se recetan para la ansiedad aumentan la eficiencia del GABA, lo que lleva a sensaciones de relajamiento y calma.

2. El **Glutamato** (excitatorio) juega un papel vital en las funciones cognitivas como la memoria y el aprendizaje. En el sistema nervioso hay más glutamato que cualquier otro neurotransmisor, ¡lo que significa que estamos aprendiendo permanentemente!

El aprendizaje efectivo de nuevo conocimiento comienza en el lóbulo frontal derecho, en el neocórtex. Nuestra comprensión de este nuevo conocimiento conecta neuronas, ya sea haciendo crecer una red neuronal existente o formando una nueva. Luego debemos practicar el nuevo conocimiento para fortalecer las conexiones sinápticas. Cuanto más entusiasmados estamos por un nuevo conocimiento, más fuerte serán las conexiones neuronales. Cuanto más practicamos una nueva habilidad, mayor es la probabilidad de que se convierta en un hábito. Esta nueva "habilidad" luego se almacena en el mesencéfalo o en el cerebelo para usar posteriormente[33].

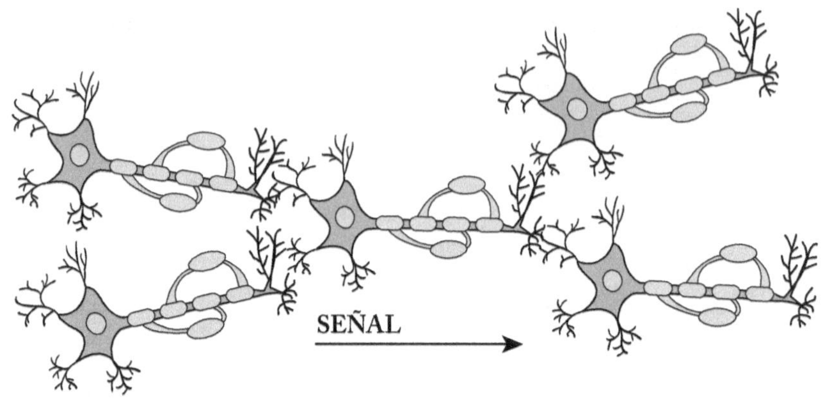

Figura 5.3. Una red neuronal.

A partir de una investigación extensiva, el Dr. Donald Hebb, conocido por muchos como "el padre de la neurociencia", descubrió que aprendemos más rápido cuando asociamos nuevos conocimientos con conocimientos previos. Esto significa conectar neuronas a redes neuronales existentes en nuestros cerebros. Así, escribió Hebb, "las células que se disparan juntas permanecerán conectadas"[34]. Por ejemplo, aprendiendo a esquiar, tu instructor te puede enseñar a alinear tus esquíes como una porción de pizza para frenar y como papas fritas para avanzar. ¡Comprenderás así el concepto de esquiar asociándolo con la geometría de la comida, y lograrás frenar y avanzar con pizza y papas fritas! La práctica fortalecerá tu red neuronal del esquí y, con el tiempo, esquiar pasará a ser natural, una habilidad guardada en el cerebelo que puedes usar cuando quieras, "encendiendo" esta secuencia específica de redes neuronales.

Podemos usar este conocimiento sobre el sistema de aprendizaje del cerebro para beneficio de los estudiantes creando temas (guías o unidades de estudio) con cuatro etapas de aprendizaje. Estas etapas aprovechan la forma en que se conectan las neuronas. La práctica continua de este proceso de aprendizaje a lo largo de la escolaridad permite a los estudiantes aprender cualquier cosa que quieran en sus vidas.

Las cuatro etapas de aprendizaje son las siguientes:

1. **Explorar** el conocimiento previo que se conecta con el nuevo conocimiento y entender el propósito y el valor de lo que se aprende. "Las células que se disparan juntas permanecerán conectadas".

2. **Investigar** el nuevo conocimiento para entender sus conceptos en profundidad.

3. **Practicar** el nuevo conocimiento para fortalecer las conexiones sinápticas, usando ejercicios, un ensayo, trabajo en equipo, un proyecto, juegos u otro tipo de actividades.

4. **Relacionar** el conocimiento nuevo a la propia vida para descubrir su aplicación práctica respondiendo a la pregunta: "¿Cómo puedo usar lo que aprendí?" Con el tiempo, se convertirá en una habilidad o un hábito.

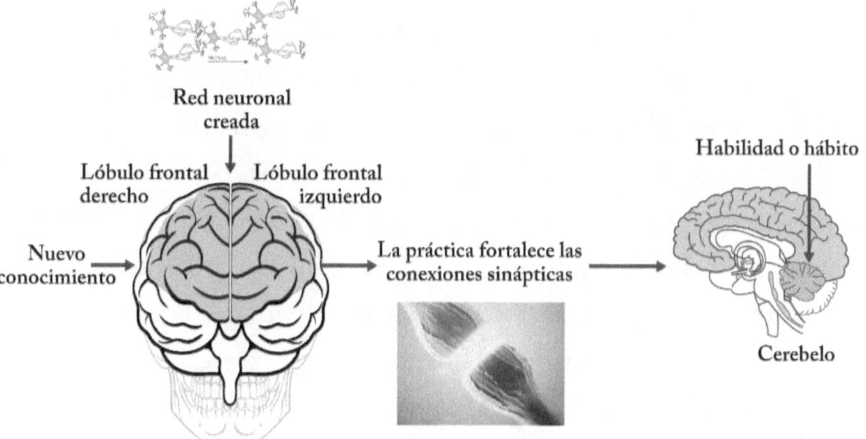

Figura 5.4. Cómo ocurre el aprendizaje.

Puedes acceder a ejemplos de temas que usan estas cuatro etapas de aprendizaje en nuestra página web, www.EducarEinstein.com. Profundizaremos este concepto en los capítulos 9 y 10.

~ LA INTELIGENCIA ARTIFICIAL ~

George Boole (1815–1864) solo obtuvo educación primaria. Tuvo que abandonar la escuela cuando el negocio de su padre comenzó a declinar. Su padre amaba la ciencia y educaba en casa al pequeño Boole con todo lo que sabía. Pero lo que más aprendió de su padre fue ser curioso, a hacer preguntas y buscar respuestas. Los amigos del padre ayudaron al niño prestándole libros, y uno de estos amigos hasta le enseñó latín. Luego se enseñó a sí mismo cuatro idiomas más y, a los 12 años, publicó la traducción de un poema griego en el periódico local. Muchos decían que era un impostor, porque no podían creer que un niño británico de 12 años hablara griego.

A los 16 años, Boole trabajaba como maestro principiante en una escuela local en Lincoln, Inglaterra, y ya era el único que proveía para sus padres y sus tres hermanos menores. Seguía intrigado por la matemática; cuanto más aprendía, más curiosidad sentía. El 30 de noviembre de 1841, mientras trabajaba en una escuela pupila, publicó su primer artículo: *"Sobre el origen, progreso y tendencias del politeísmo, especialmente entre los antiguos egipcios y persas y en la India moderna"*. Fue el comienzo de su carrera estelar. Su trabajo posterior le valió el primer premio de matemáticas jamás entregado por la Royal Society. Se convirtió en miembro de la Royal Society en 1857 y recibió grados honorarios de la Universidad de Dublín y de la Universidad de Oxford.

El primer libro de Boole, *Las leyes del pensamiento* (1854), estableció las teorías matemáticas de la lógica y la probabilidad. Propuso que pensamos a través de la lógica. Le interesaba cómo vivía, trabajaba y pensaba la gente, y lo traducía a reglas y conceptos matemáticos sencillos. Puedes recordar de tus clases de matemática el álgebra booleana, o lógica booleana, donde el valor de las variables es o bien verdadero (1) o falso (0). ¡Si hubiera sabido cómo se usarían sus teorías en los siglos siguientes!

George Boole puso los cimientos de la tecnología de la información. Sin su trabajo no habría computadoras ni celulares tal como los conocemos hoy. El Dr. Claude Shannon (1916–2001), un matemático e ingeniero eléctrico norteamericano, y el Dr. Victor Shestakov (1907–1987), un lógico y teórico de la ingeniería eléctrica ruso, propusieron en 1938 y 1941, respectivamente, el diseño del circuito digital usando la lógica de Boole. Estos son los fundamentos teóricos de la era de la información. No hay una sola pieza de tecnología o de lenguaje de programación que no use la lógica booleana. Un simple chip de silicio y circuitos puede hacer muchas tareas que previamente requerían pensamiento humano. Aunque Boole murió de neumonía a los 49, vivió lo suficiente para ser el abuelo de la inteligencia artificial.

Científicos de IBM, de la Universidad Carnegie Mellon y del Instituto de Tecnología de Massachusetts (MIT) crearon en 1956 el término "inteligencia artificial". Es la "habilidad" que tienen las computadoras de imitar las funciones cognitivas humanas, especialmente la solución de problemas. La IA no piensa. Solo usa algoritmos para analizar datos y sugerir caminos lógicos. Los algoritmos son procedimientos con un número finito de pasos y frecuentemente repiten una operación en especial usando datos, como si siguieran la receta de una torta. Los datos son los ingredientes y el algoritmo es la receta. Por lo tanto, la IA nos ayuda con tareas repetitivas, mejorando nuestra eficiencia por los muchos pasos que nos ahorramos en el camino. Cuantos más inputs de datos tiene la IA, más preciso será el algoritmo.

En 2015, Nigel Richards ganó el Campeonato Mundial de Scrabble en Francés[35]. Nigel es de Nueva Zelanda, no habla francés y tiene una capacidad baja o nula de leer un libro en francés. Se memorizó el diccionario de francés con el único objetivo de jugar al Scrabble. ¡Nigel es una versión humana real de la IA! Como jugar al Scrabble, cualquier trabajo que puede ser realizado como un algoritmo o como una secuencia de pasos puede ser reemplazado por la IA.

Hay cuatro conceptos básicos para entender la IA:

1. **Big Data**. Piensa en un "Gran Hermano" que observa tus preferencias y toma nota de todo lo que eliges. Los datos se organizan en sets de datos para usar más adelante.

2. **Aprendizaje automático** (*machine learning*). Se recolectan datos para construir a partir de tus preferencias o para sugerir cosas relacionadas. Por ejemplo, cuando buscas en Google "inteligencia artificial", los resultados incluirán artículos relacionados con tecnología, investigación, cursos, noticias y la definición de la IA. Todos estos temas se relacionan con la IA.

3. **Redes neuronales**. Los algoritmos utilizan una cantidad significativa de datos desde varias interacciones que tienes con distintas aplicaciones. Siguiendo con el ejemplo anterior, Google te mostrará lo que otras personas ingresan cuando buscan "inteligencia artificial". Las redes neuronales de IA son esta combinación de intereses, ligadas por una cantidad de datos más sustancial. Y sí, el término "red neuronal" deriva de las redes neuronales de nuestros cerebros. Otro ejemplo de una red neuronal en acción es la sección "Los clientes que compraron este ítem también compraron" en Amazon.com. ¿Has tenido alguna vez la curiosidad de darle clic a alguna de estas sugerencias? ¡Llegaste allí por la IA!

4. **Redes neuronales profundas o aprendizaje profundo** (*Deep learning neural networks*). Usa redes neuronales de muchas capas para construir algoritmos que realizan las tareas por sí mismos a partir de vastos sets de datos. Para experimentar redes neuronales profundas, simplemente ve a tus fotos en Facebook y te dirá que te etiquetes a ti mismo o que etiquetes a un amigo con su nombre, sin importar si la foto es reciente o si tiene 20 años. Ejemplos de aprendizaje profundo son el reconocimiento facial o el diagnóstico de cáncer pancreático.

~ POR QUÉ LA IA HACE MÁS NECESARIO QUE NUNCA APRENDER HÁBITOS DE APRENDIZAJE ~

El Dr. Larry R. Squire, profesor de psiquiatría, neurociencias y psicología en la Universidad de California, San Diego, realizó investigaciones significativas sobre la memoria y los hábitos. Squire y su equipo estudiaron a un paciente, Eugene Pauly, por 14 años después de que él perdiera parte de sus funciones cerebrales debido a una encefalitis viral. Eugene no recordaba hechos y eventos que habían ocurrido recientemente o uno pocos minutos atrás, pero tenía recuerdos vívidos de su vida hasta los 25 años. No podía explicar cómo llegar, en su casa, desde la habitación a la cocina, aunque podía caminar hasta la cocina y tomar algo para comer cuando tenía hambre. No sabía su domicilio ni podía describir cómo llegar a su casa. Sin embargo, después de que su esposa lo acompañara por un tiempo en una caminata matutina rutinaria por su barrio, podía hacer el mismo trayecto por sí mismo y volver a casa, sin perderse nunca.

El equipo de Squire concluyó que, aunque una parte del cerebro puede no estar operativo, aún puede desarrollar hábitos. Basó sus conclusiones en el trabajo de investigadores del MIT que exploraban cómo se forman los hábitos. Estos investigadores implantaron pequeños sensores en los cerebros de ratas para observar allí cambios pequeños. Durante el experimento, colocaban un pedazo de chocolate al final de un laberinto. Al abrirse la puerta, las ratas deambulaban por un tiempo, comportándose como ratas: olían aquí y allá en busca de alguna cosa que las estimulara. A la larga, las ratas encontraban el chocolate. Los investigadores observaron una gran actividad en la corteza prefrontal y en el mesencéfalo mientras las ratas estaban en el proceso de "descubrimiento". A la semana, una vez que aprendieron dónde estaba el chocolate, las ratas navegaban el laberinto directamente hacia la recompensa apenas se escuchaba que se abría la puerta, sin equivocarse en ninguna esquina. Sus cerebros mostraban una actividad mental menor; las ratas sabían precisamente cómo encontrar el chocolate.

Esta es la receta para formar un hábito. Primero, una señal activa a nuestro cerebro para usar un hábito determinado. Segundo, hay una acción, emocional o física. Finalmente, hay una recompensa, que le dice a nuestro cerebro si este hábito merece ser "grabado" para usarse en el futuro. Cada vez que Eugene tenía hambre (señal), caminaba a la cocina (acción) y comía algo (recompensa). En el experimento del laberinto, cuando se escuchaba el sonido (señal), las ratas iban al laberinto (acción) para conseguir su chocolate (recompensa). Comer es típicamente una recompensa valiosa (¡y especialmente si es chocolate!), así que sus cerebros grabaron las acciones. La práctica continua convierte estas acciones en hábitos, que se guardan en nuestra mente subconsciente y son llamados cuando los necesitamos.

Es genial tener hábitos. De lo contrario, nuestros cerebros se volverían locos, intentando entender las acciones una y otra vez. ¡Imagínate si tuvieras que aprender a andar en bicicleta de nuevo cada día! Nuestros cerebros tendrían que ser enormes para llevar todas las neuronas necesarias para hacerlo. Nuestra mente subconsciente registra ciertos hábitos para siempre, como andar en bici. Por eso probablemente nunca te olvidarás cómo andar en bici, aunque estés años sin hacerlo.

La mala noticia es que nuestros cerebros no distinguen entre hábitos buenos y malos; son iguales. Los hábitos están ahí, esperando las señales. La buena noticia es que los humanos pueden aprender y decidir actuar a partir de una señal dándose cuenta conscientemente de ello. Así, nuestros cerebros tienen la capacidad de identificar y separar los buenos hábitos de los malos a través de la autoconciencia; después podemos aprender a quedarnos con los buenos. Esto se llama control cognitivo: "La capacidad de adaptar con flexibilidad el comportamiento a circunstancias rápidamente cambiantes y de tomar decisiones que son mejores para los intereses de largo plazo por sobre recompensas más inmediatas"[36]. En otras palabras, es la activación y el uso deliberado de la corteza prefrontal. Para cambiar malos hábitos debemos identificar la señal, modificar la acción, asegurarnos de que la recompensa por el nuevo hábito sea suficiente incentivo para crear la conexión neuronal y asegurar que la recompensa siga siendo experimentada[37].

Como la IB (Inteligencia Biológica), la IA también estimula neurotransmisores responsables de fortalecer las conexiones de redes neuronales de nuestro cerebro. Fíjate cómo Google, Facebook, LinkedIn, Pinterest, Amazon o Twitter personalizan tu experiencia, que estimula la liberación de dopamina. Esto captura tu atención, lo que lleva a más liberación de dopamina y de epinefrina. Esta liberación de dopamina genera una sensación de satisfacción o de placer.

Esta combinación de neurotransmisores te hace sentir bien. ¡La novedad constante del clic aumenta los niveles de dopamina y al cerebro le gusta! Por lo tanto, el cerebro se enfocará en recrear esta experiencia valiosa, buscando la máxima recompensa de dopamina. Te haces "adicto" a esta combinación de neurotransmisores y a su efecto sobre ti, haciendo que tengas ansias de esta sensación. Dosis continuas de estos químicos generan comportamientos que se convierten en hábitos programados en nuestro cerebro.

Si estas aplicaciones han secuestrado tu atención, te han "hackeado" y ahora dependes de ellas y eres susceptible a ser manipulado, con poco control cognitivo de tu parte. La novedad constante de un clic o el sonido de una notificación en tu dispositivo móvil aumentan los niveles de dopamina; así, convierten a tu actividad en redes sociales en un hábito y te roban el control de tu tiempo. Crees más en lo que lees en esas aplicaciones que lo que ves en las noticias en TV. Muy probablemente compres cosas ofrecidas allí. Tu teléfono vibrará con una nueva notificación en medio de una reunión importante y te distraerás. Puede así nacer el narcicismo y que empieces a medir tu valor por la cantidad de "me gusta" que tengas en Facebook o por cuántas veces vibra tu teléfono con una notificación nueva durante el día.

¿Quién necesita bombas químicas o nucleares cuando los enemigos pueden jugar con nuestros químicos cerebrales? Somos más vulnerables que nunca a la IA. Parece una historia de terror en la que la IA puede apoderarse del mundo. Esto es ciertamente una posibilidad, salvo que seamos conscientes de este efecto y comprendamos cómo contrarrestarlo. La única manera de ser un ser no hackeable, uno que no pueda ser manipulado sin darse cuenta por la IA, es usar el control cognitivo.

Lo que sigue es un ejemplo de cómo uso el control cognitivo. Dependo mucho de la tecnología para comunicarme con personas de todo el mundo. Recibo constantemente correos electrónicos, chats de mi equipo y mensajes a través de las redes sociales. Si yo permito que mi cerebro funcione en modo automático, voy a estar chequeando mensajes cada dos minutos sin siquiera pensarlo. Entiendo esta dinámica y tomo una decisión consciente de apagar mi teléfono a las 8 de la noche. Esto es control cognitivo.

Figure 5.5. Cuando la IA crea un hábito.

Crear un hábito es genial; sin embargo, tiene que ser un hábito positivo. Para convertir a los estudiantes en seres no hackeables tenemos que ayudarlos a desarrollar autonomía de aprendizaje. Comprender el conocimiento y aplicarlo mejora el control cognitivo, lo que permite a los estudiantes a pensar, elegir, incorporar las habilidades adecuadas en sus vidas y, por lo tanto, tomar decisiones sabias hoy y en el futuro[38].

Por ejemplo, si desarrolláramos el hábito de "aplicar conocimiento pasado a situaciones nuevas" podríamos hacer mejores conexiones con lo que ya conocemos. Si nos enfocáramos en "pensar con flexibilidad", podríamos comenzar a comprender el contenido de lo que estamos aprendiendo desde perspectivas múltiples. Esos son dos de los 16 "Hábitos de la mente", un conjunto de habilidades de resolución de problemas y relacionados con la vida desarrollados por el Dr. Arthur L. Costa y la Dra. Bena Kallick[39]. Su investigación mostró que estos hábitos, basados más en la intención que en el comportamiento, desarrollan los músculos del pensamiento y la autonomía de los estudiantes—y ambos son vitales en el mundo desconocido que introduce la IA–.

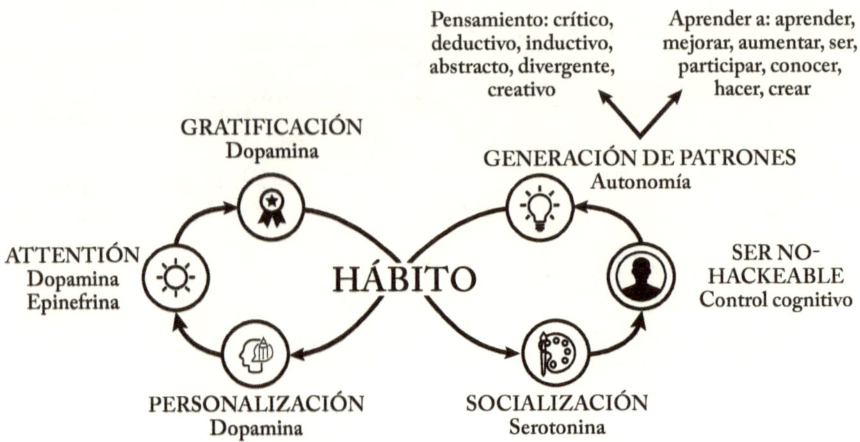

Figure 5.6. Cuando los estudiantes desarrollan autonomía.

La dopamina, el neurotransmisor primario que activa la IA en nuestro cerebro, no tiene que ver tanto con el placer sino con la anticipación del placer. Tiene que ver con la anticipación de una recompensa. Cuanto menos dopamina produce una actividad, menos motivación tenemos para ella. El cerebro se enfoca en actividades que llevan a la máxima recompensa de dopamina. Por eso tus estudiantes quieren jugar con sus teléfonos cuando la clase es aburrida. Cuando practicamos control cognitivo, entrenamos al cerebro a crear suficiente dopamina para reforzar la experiencia valiosa de hábitos no hackeables. Solo cuando experimentamos y disfrutamos el resultado de buenos hábitos podemos entender cuánto mejores son. Así condicionamos a nuestro cerebro hacia hábitos buenos.

Trabajamos con miles de estudiantes cuyos maestros y padres nos comentaron sobre cómo cambió el comportamiento cuando empezaron a usar el Sistema de Educación Relacional en la escuela. Brian, por ejemplo, había sido diagnosticado con TDAH y dislexia cuando solo tenía 6 años. Era un niño muy "activo" y su madre se rehusaba a medicarlo, aunque el médico le dijo que era la única manera de ayudarlo a asistir a la escuela. También le preocupaba su futuro: ¿A dónde llegaría de no poder leer o aprender?

Brian estaba en 2º grado cuando empezamos a trabajar con su escuela. A través de desarrollo profesional, sus profesores aprendieron a nutrir las habilidades cognitivas y socioemocionales de Brian con un solo proceso, usando la Educación Relacional. En los capítulos 9 y 10 entramos en detalle sobre este proceso. Brian aprendió a observarse a sí mismo y a darse cuenta de sus talentos personales. Aprendió a comunicar sus talentos a sus maestros y, con su ayuda, a mejorar las habilidades que tenía. En cada etapa del proceso, al completar sus metas, su cerebro se inundaba de neurotransmisores de recompensa. Esto lo motivó a aprender. En términos biológicos, recibió refuerzos permanentes de su habilidad de lograr cosas que el médico creía imposibles: exactamente lo que necesitaba para convertirse en un estudiante automotivado y para realizar el esfuerzo necesario.

Dos años después, la madre de Brian nos dijo que ya no tenía que rogarle para que hiciera su tarea escolar. ¡Llega a casa con todo hecho! Recientemente participó de un concurso de lectura y le fue mucho mejor que en el pasado. Más aún, Brian tiene la iniciativa de ayudar a su madre con tareas hogareñas. Brian aún tiene TDAH y dislexia, pero la autoconciencia que ha desarrollado y practicado le permite identificar cuándo puede aprender y cuándo necesita un descanso. ¡Brian es un joven adolescente feliz con control cognitivo desarrollado!

~ APLICANDO LA IA EN EDUCACIÓN ~

La IA puede condicionar malos hábitos, pero también tiene muchas aplicaciones prácticas y positivas en educación:

1. **Hacer que el aprendizaje sea una experiencia personal basada en las preferencias de los estudiantes.** La IA puede diseñar

caminos de aprendizaje en línea con las preferencias individuales de los estudiantes, mejorando así su compromiso e interés con el aprendizaje. La IA puede crear una cultura de aprendizaje de *self-service*. Puede resaltar aquello en lo que los estudiantes son buenos y cómo pueden mejorarse aún más a ellos mismos. Esta experiencia personal, impulsada por la IA, puede reemplazar el foco actual en las áreas de mejora de los estudiantes con un foco en sus áreas de preferencia, brindando a cada estudiante la oportunidad de crecer desde donde sobresalen, expandiendo su conocimiento desde un punto de referencia personal. Cuanto más trabajamos en lo que amamos, más motivados estaremos y mayor será nuestra probabilidad de ser exitosos en la vida.

2. **Organizar el contenido como conocimiento útil.** En nuestro mundo conectado, los estudiantes interactúan con muchas aplicaciones usando su identidad personal. La IA usa datos de la experiencia de vida para combinar contenido y presentárselo a los estudiantes como referencia primaria, algo así como un curador personal de contenido. Esto facilita el aprendizaje por asociación, lo que lleva a nuevas conexiones neuronales creadas por la dopamina, que a su vez activa la curiosidad de explorar más. Este contenido organizado permite al estudiante tomar mejores decisiones con aplicación inmediata en su vida real. La aplicabilidad en tiempo real desplaza el conocimiento desde materias aisladas hacia un recurso útil que puede usar para mejorar hoy sus decisiones y su comprensión de soluciones para su vida. Los estudiantes deben encontrar significado y valor en lo que aprenden.

3. **La nueva experiencia de aprendizaje reemplaza hábitos repetibles y fomenta la creación.** La educación ya no se trata de arrojar

de contenido. Con la llegada de la IA, los algoritmos realizan las tareas repetitivas de la regurgitación. La educación se puede enfocar en cómo usan los estudiantes el conocimiento para crear y recrear el mundo que los rodea. La dopamina excita a los estudiantes y fortalece sus conexiones neuronales a través del uso práctico del nuevo conocimiento, y así la creación tiene la oportunidad de desplazar a la procrastinación. No hay falta de atención porque el aprendizaje se construye alrededor de aquello que los estudiantes disfrutan, creando posibilidades basadas en sus decisiones. Si hay un área que los estudiantes no tienen interés en explorar encontrarán "expertos", que muy bien podrían ser sus pares y no necesariamente adultos.

4. **Permite que la educación pase de métricas centradas en el sistema a métricas centradas en el estudiante.** ¡El tiempo en el aula, la tasa de abandono, las notas y el promedio no importan en el mundo de la IA! ¿Acaso no son las métricas de una fábrica? Debemos pensar en aumentar la inteligencia biológica, un proceso en el que los estudiantes construyen conocimiento, prácticas y nuevas habilidades alineados con su potencial. Imagina un mundo en el que los estudiantes eligen diferentes caminos de aprendizaje a partir de sus intereses y de su toma de decisiones. Cada camino de aprendizaje les da una "microcredencial", que es un sello de habilidad en un área en particular. Este reconocimiento de mejora en un área que aman aumenta los niveles de dopamina y serotonina en el cerebro, fortaleciendo aún más las redes neuronales. Cada estudiante puede ganar una combinación de microcredenciales que lo arma para realizar contribuciones únicas al mundo y, por esa razón, pueden convertirse en irremplazables. La experiencia de aprendizaje es

personal y las métricas también. Con el tiempo, los exámenes estandarizados deberán ser reemplazados. Pueden haber sido de utilidad hasta aquí, pero debemos avanzar hacia una evaluación más personalizada junto con el aprendizaje personalizado. En el Capítulo 8 exploraremos en más detalle este concepto.

¿Cómo puede desarrollarse este nuevo sistema de educación personalizada, impulsada por la IA, lista para la IA, al pasar los estudiantes al mercado de trabajo? Puede facilitar la contratación de la persona correcta. Imagínate que eres el editor en jefe del mayor periódico del país. Cuando estás contratando a un nuevo periodista joven para trabajar contigo te puede impresionar el promedio de sus calificaciones escolares, pero lo que realmente importa es la experiencia del candidato, su trabajo relevante en el pasado, su capacidad de cumplir con los plazos de entrega, estilo de escritura, referencias y así sucesivamente.

¿Y si pudieras entrevistar a candidatos apasionados por la literatura que vienen escribiendo artículos y ensayos desde sus primeros años de escuela? Si es cierto que toma 10.000 horas convertirse en un experto en cualquier cosa, estos estudiantes pueden haber practicado 16.800 horas[40], entrenados por sus educadores desde jardín de infantes hasta el bachillerato, para ganar experiencia en aquello que aman. ¿A quién contratarías? ¿Al joven talento con un promedio de 10/10 o al joven experto que te lleva un portfolio repleto de muestras de escritura relevantes? Las microcredenciales adquiridas por este último estudiante pueden ser críticas, deductivas, inductivas, abstractas, divergentes y estar repletas de pensamiento creativo. Sus evaluaciones personalizadas pueden demostrar la capacidad de escribir sobre diferentes temas, fijarse y alcanzar metas, manejar bien el tiempo y así sucesivamente.

Estamos en un punto de inflexión en la historia en el que podemos mover el uso de la IA en educación hacia la dirección correcta. Para ello, debemos tomar buenas decisiones sobre qué tecnologías usar en nuestras escuelas. El uso correcto de la IA desarrolla la autonomía de aprendizaje, personaliza su proceso de aprendizaje más que el contenido y tiene el objetivo final de desarrollar competencias y hábitos de la mente, que serán por siempre parte de la vida del estudiante. Hay que ignorar la tecnología que ofrece más de lo mismo, como la regurgitación de contenido, las viejas métricas o el aprendizaje sin autonomía.

Hasta ahora, los estudiantes tenían acceso a recursos disponibles en las escuelas y a tecnología con contenido vertical. La IA abre sus horizontes del conocimiento, seduce a sus mentes a hacer más preguntas y enciende el deseo de explorar sobre cosas en lo que no han pensado. Estamos permanentemente creando el mundo que nos rodea a través de la interpretación de nuestros pensamientos. Quizás la IA nos permita lograr el próximo nivel de inteligencia, hacer preguntas que todavía no sabemos formular y exponernos a un conocimiento que ya existe pero que aún no ha sido descubierto. "Toda la creación espera ansiosa, deseando ser revelada a través de los hijos de los hombres" (Albert Einstein)[41].

CAPÍTULO 6

CÓMO APRENDER
EN LA ERA DE LA IA

"En tiempos de cambio, los que aprenden heredarán
la tierra, mientras que los que han aprendido se
encontrarán hermosamente equipados para
lidiar con un mundo que ya no existe".

~Eric Hoffer

¿Está listo el sistema educativo para preparar a los estudiantes en un mundo que corre sobre la IA?

En 1965, el Dr. Gordon E. Moore publicó un histórico artículo titulado "Atiborrar más componentes en circuitos integrados". Vio un patrón en el que el número de transistores que entraban en un chip se duplicaba cada año. Luego extrapoló eso para los 10 años siguientes en un gráfico y predijo que los chips de computadoras duplicarían su capacidad cada dos años. Esta predicción pasó a conocerse como la Ley de Moore, una estimación clave que ofrece una buena idea de qué esperar de la velocidad del hardware de una computadora y de un teléfono móvil. En 1967, Moore fue uno de los fundadores de Intel, una compañía que sigue liderando la innovación en chips de computadoras. Es muy probable que tu computadora tenga adentro un chip Intel.

Los datos y la capacidad de procesamiento son el corazón de la IA. Cuantos más datos haya y mayor sea la habilidad de procesarlos, mayor será la velocidad en la que puede analizarse gran cantidad de información y en que te podrán llegar esas percepciones. Obtuve mi primer teléfono celular en 1996. El dispositivo y el servicio eran muy caros, así que yo limitaba su uso a emergencias y negocios. Por entonces, me sabía de memoria los números de toda mi familia directa y extendida, de mis amigos y de mis clientes más importantes. Aceleramos unas décadas y tanto el hardware como los servicios móviles ahora son mucho más accesibles. Los celulares hacen por nosotros más de lo que nos podríamos haber imaginado. Algunos pueden decir que los celulares controlan sus vidas. Los celulares llaman a las personas con las que queremos hablar, sugieren productos que probablemente querríamos comprar, encuentran las canciones que queremos escuchar, calculan distancias y nos dicen cómo llegar y mucho, mucho más. Tenemos en nuestras manos el poder de la IA y disfrutamos de vivir con ella, muchas gracias.

Piensa en Siri, la tecnología de reconocimiento de voz de Apple, que usa una interfaz de usuario de lenguaje natural para ayudarte con tareas cotidianas, como agendar una reunión en tu calendario o responder preguntas. Toma mucho procesamiento de datos identificar tu voz, interpretar lo que dices, buscar en Internet y organizar la información para presentártela. Apple lanzó Siri en 2011. Su mejora de año a año ha sido notable porque este sistema de IA "aprende" cómo lo usa la gente, para qué lo usa, los distintos acentos y así sucesivamente. El sistema después cruza todos los datos para hacerse más eficiente a sí mismo cada día.

Es un poco desafiante tratar de pensar cómo será el mundo en unos pocos años, como era desafiante creer en el siglo XIX que un humano podría llegar a la luna. Hoy vivimos en tiempos sin precedentes en los que hemos sido testigos de la llegada de la IA a cada industria. Hasta aquí, esta tecnología nos ha servido positivamente, mejorando muchas áreas de nuestras vidas. ¿Cuánto más podremos avanzar?

En la medida que mejoran la acumulación de datos y la capacidad de procesamiento, y se expanden sus usos, podemos esperar que la IA evolucione exponencialmente. ¿Puedes navegar por lugares desconocidos sin Waze o Google Maps? Apuesto a que no. Ahora, imagínate cómo puede expandirse eso de aquí en más: en camino a una reunión, Google Maps le indica a tu auto autónomo el trayecto y sugiere que pares a desayunar en una tienda de jugos naturales. La IA de tu teléfono sabe que corriste cinco millas esta mañana y que saliste sin comer, y predice que tu humor estará debajo del promedio porque olvidaste tu aniversario y tu pareja se enojó contigo. La IA también sabe que la combinación de ingredientes de esa tienda es precisamente lo que requiere tu ADN en este momento para tener la cantidad de energía apropiada para tu próxima reunión, según los datos que vienen de tu reloj inteligente. Mientras estacionas el auto, Google hace el pedido de tu licuado y paga con Google Pay antes de que entres a la tienda, haciendo que tu parada sea de menos de un minuto. Google pone canciones para mejorar tu humor y prepararte para tu reunión. ¡Esta IA te conoce más de lo que te conoces a ti mismo y le agrega mucha eficiencia a tu vida!

Los beneficios de la IA superan lo que nuestras mentes pueden imaginar hoy. Piensa, por ejemplo, en las interfaces neuronales, dispositivos colocados dentro o fuera de nuestro cerebro que interactúan con el sistema nervioso. Ya se están usando para estimulación cerebral profunda (DBS por sus siglas en inglés) en pacientes con Alzheimer, Parkinson y otros desórdenes del movimiento. Las personas sordas pueden usar implantes cocleares adjuntados al cerebro para recuperar la audición. La estimulación transcraneal con corriente directa (tDCS por sus siglas en inglés) se usa para tratar la depresión, y la estimulación del nervio vago se usa para tratar la epilepsia, la depresión y la adicción. Los investigadores ahora están explorando interfaces neuronales para tratar el dolor, la ansiedad y los desórdenes autoinmunes.

Hay investigadores que también están experimentando con estimulación transcraneal con corriente directa de alta densidad (HD-tACS). Los primeros resultados en humanos demostraron que agudiza las habilidades mentales y la alerta, y que mejora el desempeño en deportes de resistencia, como el ciclismo. Imagínate dispositivos para la cabeza que mejoren nuestras habilidades cognitivas, que nos permitan aprender más rápido o recordar más, mejorar nuestra inteligencia emocional, motivarnos a hacer ejercicio o a comer bien, o que nos permitan "descargar" un nuevo hábito, todo conectado a una única fuente: internet. La interacción del cerebro a internet a la velocidad del pensamiento mejorará significativamente nuestro poder cognitivo y quizás permita una creatividad exponencial.

¿Todo esto te parece una locura? Piénsalo de nuevo. En 2016, Bryan Johnson, un emprendedor, fundó Kernel.co para construir una "interfaz mente/cuerpo/máquina no invasiva (MBMI) para mejorar, evolucionar y extender la cognición humana". Apunta a crear la nueva generación de tecnologías que puedan leer y escribir directamente desde el cerebro. Elon Musk, fundador de Tesla, pionera de los vehículos eléctricos, fundó en el mismo año Neuralink con el único fin de desarrollar "interfaces cerebro-máquina de ancho de banda ultra alto para conectar a computadoras y humanos". En 2018, la Universidad de California, Berkeley, presentó el implante de cerebro más pequeño y eficiente del mundo, "polvo neuronal", un nodo sensor mínimo, de 3 milímetros, que irá debajo de la duramadre craneal[42]. Mientras los dispositivos de estimulación cerebral anteriores requerían conexiones cableadas incluso cuando eran implantados en el cerebro, el polvo neuronal es sin cables, lo que elimina la exposición a infecciones. Su conexión al mundo exterior por ultrasonido compartirá datos biométricos en vivo directamente desde tu cuerpo y estimulará los nervios según sea necesario.

Estos avances de la tecnología son fascinantes. Al mismo tiempo, puede llevar a una dependencia excesiva en máquinas. Generará preguntas respecto de qué es ser humano o si aún tenemos capacidades cognitivas naturales. Más aún, estos avances crearán problemas éticos relacionados con nuestra privacidad y autonomía. La IA trae beneficios al mismo tiempo que presenta desafíos. Imagina la exposición de toda una población con polvo neuronal implantado en sus cerebros.

En el pasado, el mercadeo usaba mensajes subliminales para engañar a nuestras mentes subconscientes y hacer que compráramos ciertos productos. Hoy, Facebook muestra en nuestros muros contenido para cambiar nuestro humor o para ofrecernos productos específicamente relacionados con quién somos, lo que nos gusta, el humor en el que cree que estamos y lo que cree que queremos. ¡Y ni nos damos cuenta! En el futuro cercano, un virus descargado podría reprogramar el polvo neuronal para guardar en nuestro cerebro nuevas creencias profundas. Los hackers ya pueden ver a través de la cámara de tu computadora o televisión. ¿Por qué no habrían de leer tu mente cuando uses dispositivos neuronales? Si yo tuviera en mi cerebro polvo neuronal, ¿Cuán fácil será para mi esposo leer mi mente cuando me pregunte qué pasa y yo le conteste "nada"? ¡Oh, no, eso no está nada bien! ¡Las mujeres nos tendremos que reinventar!

EE. UU. representa por sí solo 52,3% de la inversión mundial en IA, que ha crecido en promedio 56% por año desde 2016[43]. Durante el mismo período, el presupuesto educativo de jardín de infantes a 12º grado en EE. UU. creció en promedio 3% por año[44]. La inversión creciente en IA es una afirmación de que creemos que la IA es el futuro. Día a día, hay ingenieros mejorando algoritmos para que la IA sea más eficiente y barata, mientras los maestros todavía usan un sistema ineficiente del siglo XIX para hacer funcionar a la IB (Inteligencia Biológica), ajenos a la probabilidad de que la IA pronto sobrepase a la IB, y tendremos que aprender a vivir con ello.

Este futuro puede dar miedo, pero estos cambios son imparables. Al ritmo en el que evoluciona la tecnología, es probable que el futuro nos presente una fusión de IB e IA. Los transistores realizan billones de operaciones por segundo con conexiones limitadas con otros transistores. Las neuronas del cerebro se conectan con miles de otras neuronas al mismo tiempo, pero solo pueden realizar 1.000 operaciones por segundo. Cuando la IB se fusione con la IA tendremos un poder cerebral increíble, y será imposible dejarlo de lado. Sin duda Einstein se estará revolcando en la tumba con estas posibilidades.

Nuestros cerebros son como una persona que es sensacionalmente inteligente pero increíblemente vaga. El cerebro es así por diseño, para conservar energía. En modo automático, quedamos atrapados en un pensamiento rápido, en afirmaciones del tipo ya-sé-esto y en sesgos implícitos que nos permiten llegar a conclusiones lo más rápido posible—aunque no siempre de manera precisa–. Dado lo que el futuro probablemente nos depare, debemos aumentar nuestra conciencia y prestar atención a esta mecánica del cerebro y, a través del control cognitivo, tomar decisiones conscientes. Debemos convertirnos en estudiantes de por vida y desarrollar nuestra inteligencia emocional para prepararnos para lo que vendrá en el futuro cercano.

El Dr. Jeff Lichtman, un neurocientífico de la Universidad de Harvard, calculó que indexar todo el cerebro humano requeriría miles de zettabytes de almacenamiento de datos. Solo para comparar, se estima que en 2020 internet tiene 44 zettabytes. Así, aunque es esperable que a la larga la IB y la IA se fusionen, todavía estamos a años de ello. Todavía no entendemos la capacidad de nuestro cerebro, mucho menos el poder de nuestra conciencia. Los dispositivos neuronales pueden funcionar con la mecánica del cerebro. No es tan claro que puedan algún día interactuar con nuestras conciencias.

~ REDEFINIENDO EL APRENDIZAJE BIOLÓGICO PARA LA ERA DE LA IA ~

¿Qué significa esto para la educación? El aprendizaje es nuestro camino al control cognitivo y, por lo tanto, para vivir bien en la era de la IA. Tenemos que estar preparados para lo desconocido, y tenemos que preparar a los estudiantes para ello. Más aún, las personas que tomarán las decisiones sobre los problemas éticos que traigan las tecnologías del futuro están sentadas en tu aula en este momento. Las escuelas deben preparar a los estudiantes para que tengan el estado de ánimo y la conciencia cognitiva adecuados para tomar buenas decisiones. El futuro de la humanidad está, literalmente, en sus manos, y tú y yo somos responsables de preparar el camino.

¿Qué podemos hacer hoy para alistarnos para el futuro? Sin duda, la tecnología seguirá avanzando más rápido de lo que pensamos, porque la capacidad de procesamiento se duplica cada año, hay vastas cantidades de datos disponibles y los algoritmos son cada vez más sofisticados. La única herramienta que tenemos en este momento como seres humanos son nuestros cerebros.

Primero debemos reacondicionarnos a través del aprendizaje. ¡Leer libros, ver videos, participar de conferencias, poner a trabajar de nuevo al cerebro! Probablemente hayas escuchado en el gimnasio que, si siempre repites el mismo ejercicio, éste pierde su efecto sobre tus músculos. Lo mismo pasa con el cerebro, que también es un músculo, si sigues repitiendo lo que ya sabes y no renuevas tu conocimiento. Por eso es tan importante nunca, jamás, dejar de aprender. Como dijo el orador transformacional Leland Val Van de Wall, "Aprender es entretener conscientemente una idea, involucrarte emocionalmente con la idea, dar un paso al frente y actuar a partir de la idea y mejorar los resultados en algún área de tu vida".

Una estudiante activa modifica su comportamiento con lo que ha aprendido. Una estudiante pasiva memoriza y regurgita conceptos que nunca ha practicado. Por nuestro condicionamiento de años de escolarización, nos da miedo fracasar al introducir en nuestras vidas conceptos que difieren del statu quo. Cuando aprendemos a tomar control del proceso de aprendizaje, podemos ajustar y tomar control de cualquier situación.

Aprender y practicar algo nuevo siempre nos llevará fuera de nuestra zona de confort. Así, al aventurarte hacia un nuevo nivel de aprendizaje, debes abrazar la mentalidad de crecimiento (ver Capítulo 9). Si quieres crecer continuamente debes sentirte cómodo con la incomodidad y con cometer errores. Pero debes actuar; debes progresar. Este trabajo será más fácil con la práctica y la autoconciencia. A medida que aprendas, podrás inspirar a otros a hacerlo, para que encuentren cada día significados nuevos en sus vidas.

¿No será momento de redefinir nuestra experiencia de aprendizaje biológico? ¡Tenemos que ponernos al día! La IA evoluciona a gran velocidad y la IB se está quedando atrás. Los sistemas educativos del mundo están yendo hacia abordajes de aprendizaje más innovadores con resultados comprobados. Nuestro desafío es hacerlos escalables y adaptables a cualquier contexto. En las últimas décadas, los investigadores se han enfocado en el aprendizaje semipresencial (*blended learning*), el aprendizaje basado en proyectos, el aprendizaje basado en competencias, el aprendizaje personalizado y el aprendizaje autónomo.

El **aprendizaje semipresencial** combina la interacción cara a cara en el aula con actividades que usan tecnología; fomenta algo de control por el estudiante, como el ritmo. En el **aprendizaje basado en proyectos** los estudiantes trabajan por un tiempo en un proyecto para resolver un problema o responder una pregunta compleja; desarrollan habilidades clave, como investigación, trabajo en equipo, pensamiento crítico, creatividad, resolución de problemas del mundo real, desarrollo de un producto auténtico y a hablar en público con la presentación de su proyecto. El **aprendizaje personalizado** ajusta el aprendizaje a las fortalezas e intereses de cada estudiante y le da la capacidad de elegir y de decir respecto de cómo, cuándo y dónde aprenderá. La posibilidad de dominar el tema es mayor con esta flexibilidad porque el estudiante está más interesado en explorar conocimiento nuevo a partir de sus intereses. El **aprendizaje basado en competencias** detalla el camino para aprender habilidades específicas.

Quizás el más relevante de estos sea el **aprendizaje autónomo**, en el que el estudiante tiene la regulación, el control y la responsabilidad completos sobre su proceso de aprendizaje. Es un abordaje centrado en el estudiante, que es consciente de sus fortalezas, necesidades de aprendizaje, objetivos y proceso cognitivo, y puede autoevaluar su aprendizaje a través de un proceso de metacognición. Los estudiantes autónomos están preparados para la era de la IA porque tienen un control cognitivo completo, pueden evocar o ignorar pensamientos o sentimientos y abrazar la responsabilidad de aprender y no esperar que un tercero le provea instrucciones. Queremos que los niños se conviertan en estudiantes autónomos, y la escuela les da la oportunidad de practicar eso por 16.800 horas. Más aún, el aprendizaje autónomo incluye con facilidad la mayoría de los abordajes de aprendizaje innovadores investigados en las últimas décadas.

El Dr. Albert Bandura, profesor de psicología de la Universidad de Stanford, ha investigado profusamente en torno a la autoeficacia, autorregulación y autodesarrollo. Él define la autonomía como "la capacidad humana de influir sobre el funcionamiento propio y sobre el desarrollo de los eventos a partir de acciones propias"[45] o, en otras palabras, como tener control cognitivo.

Bandura identificó cuatro prácticas involucradas en el ejercicio de la autonomía.

- **Intencionalidad**: la práctica de una intención específica y un plan para hacerla realidad.

- **Pensamiento anticipatorio**: la práctica de fijar objetivos específicos para hacer realidad la intención y acciones potenciales para guiar y motivar el esfuerzo.

- **Autorreactivación**: la autorregulación para ejecutar las acciones.

- **Autorreflexión**: la capacidad de autoevaluar el funcionamiento propio, para reflexionar sobre la eficacia personal, el impacto de las acciones, el significado de las búsquedas, así como la habilidad de realizar correcciones cuando sea necesario.

Bandura también definió tres formas de autonomía que un individuo puede ejercitar bajo su control.

- **Autonomía individual**: los individuos se enfocan en aquello que pueden controlar directamente.

- **Autonomía por delegado**: los individuos involucran a personas que tienen los recursos y el conocimiento para ejecutar el resultado esperado.

- **Autonomía colectiva**: recopila conocimiento, habilidades y recursos, para colaborar hacia el mismo objetivo; debe ser ejercida por un grupo de individuos autónomos con alto control cognitivo.

El sistema que presentamos en este libro fomenta el desarrollo de estas tres formas de autonomía con un proceso de aprendizaje directo y viable de seis pasos que puedes usar hoy mismo.

La inmensa mayoría de los estudiantes del mundo se cría con la mentalidad de tratar de hacer las cosas lo más rápido posible y de cumplir con lo mínimo indispensable, así pueden terminar con la escuela y comenzar una profesión. La IA está reemplazando la mayoría de las profesiones que conocemos, haciéndolos significativamente mejor que nosotros. ¿Qué queda para los humanos? Debemos despertar y prepararnos para capacitar a nuestros niños para que creen el mundo que nos rodea, más allá del camino que elijan para su futuro. Y debemos fomentar seres no-hackeables. La única manera de hacerlo es desarrollando conciencia cognitiva a través del aprendizaje, que a la larga resultará en control cognitivo. En otras palabras, debemos aprender a usar nuestro cerebro con efectividad.

¿Reemplazará la IA en algún momento a los educadores? Aunque la IA crece y seguirá creciendo significativamente, no ha habido avances en la conciencia de las computadoras. Incluso si lograran su propia forma de conciencia, nuestra conciencia humana tiene un poder más fuerte, uno que todavía no comprendemos plenamente. La IA podría reemplazar las tareas repetitivas de los educadores, pero probablemente nunca reemplace la conexión humana.

El cerebro interpreta la información básica de las expresiones faciales de alguien en solo 33 milisegundos y reacciona inmediatamente a ella. El Dr. David Eagleman, un profesor de neurociencias en la Universidad de Stanford, midió estas minúsculas expresiones faciales a través de un experimento en el que registraba las reacciones de personas a fotos de caras, algunas frunciendo el ceño, otras riendo, llorando y así sucesivamente. Los participantes reflejaban las mismas expresiones faciales de las imágenes que veían. ¿Por qué? Nuestros cerebros están programados para conectar con otros seres humanos e influir sobre ellos. Por lo tanto, si tenemos buenos o malos hábitos, si estamos contentos o tristes, si somos alegres o si tenemos adicciones, influiremos sobre otros a hacer lo mismo. Esa es nuestra conexión humana.

Por otro lado, en sus investigaciones Eagleman descubrió que la gente que recibe inyecciones de Botox es menos proclive a relacionarse con otros. Esta neurotoxina inhibe las expresiones faciales, y la incapacidad de un individuo de hacer ciertas expresiones reduce su capacidad para reconocer las emociones en la cara de otros y, así, de conectarse con esa persona. ¡El cerebro nos ayuda a relacionarnos con otros al reflejar las expresiones faciales sin que nos demos cuenta!

~ MANTENIENDO LA RELEVANCIA DE LOS HUMANOS EN UN MUNDO DE IA ~

Aunque el cerebro humano seguirá teniendo capacidades que la IA no podrá comenzar a tener, nuestra existencia igualmente será redefinida con la Singularidad de la Superinteligencia, que se refiere al momento en el que la IA sobrepase la inteligencia biológica de los humanos. Los científicos dicen que sucederá antes de 2030. Si la IA hace todo lo que los humanos hacían antes con mayor capacidad, precisión y calidad, pueden ocurrir dos cosas: podríamos prosperar, descubriendo todo el alcance de la capacidad de la conciencia, inaugurando un período de creación y descubrimiento inimaginables. O podríamos ser condenados a vivir falsamente dentro de mundos virtuales creados por nosotros o por la IA. Es momento de prepararse para este futuro que se acerca a toda velocidad.

Quizás la próxima evolución humana significativa sea el descubrimiento de que nuestros cerebros no son plenamente utilizados, y que usemos nuestras prácticas educativas para explorar nuestro máximo potencial.

Personalizar el aprendizaje significa convertirse en un catalizador de las experiencias de aprendizaje de los estudiantes. Según Dictionary. com, catalizar es "una acción entre dos o más personas o fuerzas, iniciada por un agente [maestro, padre, líder empresario, tutor y así sucesivamente] que no es afectado por la acción". En este uso, significa que el estudiante inicia el aprendizaje y tiene la iniciativa de avanzar. El aprendizaje personalizado significa orientar a los estudiantes para que descubran sus pasiones y guiarlos para que desarrollen el conocimiento y las habilidades necesarias para sobresalir en esas pasiones. El aprendizaje autónomo preparará a los estudiantes a continuar fomentando sus habilidades de por vida.

Piensa en cada estudiante como una semilla en tus manos. Tu trabajo es plantarla y cuidarla para que prospere. La semilla crecerá según lo que lleve dentro. En otras palabras, una semilla de manzana te dará manzanas, no saldrán orquídeas simplemente porque eso quieras. Así, debemos abstenernos de decir a los estudiantes qué deben ser, y comenzar a apoyarlos y guiarlos para que florezcan con lo que tengan dentro, sus pasiones. Nuestro punto de partida es un individuo lleno de potencial que espera ser expresado plenamente, y no una simple página en blanco.

~ IDENTIFICANDO TUS PRÁCTICAS DE ENSEÑANZA ACTUALES: EL DIAGNOSTICO COMPASS ~

Personalmente, creo que la IA nos brindará grandes avances para mejorar nuestras vidas. También creo que estamos en un momento crucial para el futuro de la humanidad, donde tenemos la oportunidad de mover la aguja hacia un aprendizaje que tenga más sentido y para equipar a los estudiantes para coexistir con la IA y liderar en esta nueva normalidad. ¡No actuar ahora podría seguir llevando a que los estudiantes tengan habilidades cognitivas y socioemocionales subdesarrolladas, abriendo la puerta para que el poder de la IA elimine la necesidad de que pensemos! ¿Qué significado tendría nuestra existencia si ocurriera eso?

Esto no es una guerra entre la IA y la IB. De hecho, no tenemos opción, la IA llegó para quedarse. En cambio, estoy argumentando que preparemos a los estudiantes a aumentar sus habilidades cognitivas y a aplicarlas para beneficio de la humanidad. Estudiantes bien preparados crearán una nueva generación de algoritmos de IA y decidirán sobre las políticas que tendrán impacto sobre las vidas de todos. No tienes control sobre la IA, así que trabaja sobre aquello que sí puedes controlar: tu propio aprendizaje y el de tus estudiantes. ¿Dónde comenzar? Fácil: desde donde estés.

En este capítulo cubrimos diversos abordajes de aprendizaje. ¿Cuál es el mejor? Los modelos de aprendizaje pueden complementarse entre ellos y beneficiar al estudiante. Algunos educadores practican un modelo más que otros. Sin embargo, aún si, por ejemplo, crees que eres un educador completamente basado en proyectos, podrías estar practicando otros modelos en ciertas dimensiones.

El diagnostico *Compass* es una herramienta simple y gratuita que te ayudará a identificar dónde estás actualmente con tus prácticas pedagógicas y a guiarte en un sendero de desarrollo profesional más efectivo. El diagnostico *Compass* divide las prácticas educativas en siete dimensiones principales a partir de la investigación sobre innovación de aprendizaje, desarrollo e implementación que hemos realizado en Learning One to One. Consiste en una serie de preguntas para identificar dónde se concentra más la práctica del educador y provee un informe personalizado con un sendero de desarrollo profesional recomendado para la mejora continua.

~ LAS SIETE DIMENSIONES PRINCIPALES DE LA PRÁCTICA EDUCATIVA ~

- **Organización**: gestión de los espacios físicos y del ritmo de aprendizaje.

- **Metodología**: relación estudiante-educador y papel del educador.

- **Flexibilidad**: maleabilidad de objetivos, calendario, currículo académico y contenido.

- **Proceso intelectual**: desarrollo de las habilidades cognitivas de los estudiantes.

- **Proceso socioemocional**: desarrollo de las habilidades socioemocionales de los estudiantes.

- **Evaluación**: objetivos y herramientas para evaluar el aprendizaje.

- **Comunidad de aprendizaje**: estructura organizacional y relacional de la institución educativa.

~ LAS FUNCIONES DEL DIAGNÓSTICO COMPASS ~

- **Herramienta de autoconciencia** que permite a los educadores reflexionar sobre sus prácticas actuales.

- **Herramienta de guía** para definir necesidades de desarrollo profesional y ayudar a los educadores a entablar el crecimiento profesional de manera efectiva.

- **Puerta de entrada** a un plan de desarrollo profesional personalizado.

El diagnostico *Compass* está disponible en www.EducarEinstein.com. Los educadores tienen una gran influencia sobre el desarrollo y las trayectorias de vida de los estudiantes; por lo tanto, es importante invertir en desarrollo profesional continuo para aquellos cuya profesión es formar las futuras generaciones. Usa el diagnostico *Compass* para conocer dónde se enfocan más tus prácticas y descubrir el camino de desarrollo profesional más adecuado parar ti.

Aunque en los EE. UU. la inversión en educación crece muy poco cada año, aún es mayor que en muchos países. Así que tenemos la oportunidad de tomar decisiones más inteligentes sobre el uso de los recursos disponibles. En otras palabras, podemos hacer que el sistema sea más eficiente para lograr mejores resultados. Las compañías hacen esto todo el tiempo para prestar un mejor servicio a sus clientes. ¿Qué hace falta para que hagamos lo mismo en educación?

¿QUIÉN REEMPLAZÓ A MOZART?

"Somos lo que hacemos repetidamente. La excelencia, por tanto, no es una acción sino un hábito".

—**ARISTÓTELES**

En capítulos anteriores exploramos la necesidad de nunca dejar de aprender para que nuestra inteligencia biológica evolucione continuamente. También explicamos cómo la forma tradicional de enseñar y aprender suprime la motivación. ¿Qué deberíamos hacer para que los estudiantes disfruten una experiencia de aprendizaje para toda la vida? ¿Qué es lo único que puede involucrarlos emocionalmente con lo que aprenden, moverlos a actuar sobre ello y mejorar muchas áreas de sus vidas?

Hace dos siglos, Wolfgang Amadeus Mozart (1756–1791) prestaba mucha atención a las lecciones de música que su padre, Leopold, le daba a su hermana Maria Anna Mozart, de 7 años. El joven Wolfgang Mozart tenía apenas 3 años y vivía con su familia en un pequeño apartamento en Salzburgo, Austria. El tamaño del lugar no importaba tanto; lo que sí importaba, y mucho, era la gran cantidad de instrumentos disponibles para tocar que había allí. Él estaba encantado de escuchar lo bien que sonaba su piano cada vez que lo tocaba.

Las lecciones de música siguieron cada día, y a los 5 Mozart ya había compuesto su primera pieza. Su firma como compositor se notaba desde el principio: sus creaciones seguían los pasos de los compositores contemporáneos con un toque de innovación entre las notas, haciéndolas distintivamente únicas. Su música tenía personalidad, lo que muchos llaman "genio". El padre de Mozart nunca forzó al niño a practicar. El joven Wolfgang tenía la automotivación para seguir practicando, componiendo y tocando.

Leopold Mozart llevó a su hijo por toda Europa, lo expuso frente a la alta sociedad y a los músicos de la época. Mozart descubrió su amor por la música a una edad muy temprana y nutrió ese amor durante toda su vida. Sabía de qué era capaz y estaba resuelto a vivir su vida haciendo aquello que amaba. Mozart trabajó para quién quiso y compuso lo que le gustaba a él y a su público[46].

A los 25, Mozart escribió una carta a su padre: "En este momento, mi principal objetivo es conocer al emperador de alguna manera agradable; estoy resuelto a que me conozca. Me daría tanta felicidad si pudiera pasarle rápidamente mi ópera y luego tocarle una o dos fugas, porque eso es lo que a él le gusta"[47]. Efectivamente, el emperador austríaco José II conoció al joven músico y durante muchos años apoyó sustancialmente su carrera. Mozart nunca se contentó con menos de lo que era capaz, y siempre buscó mejorar en cada nueva composición[48]. Fue una inspiración para muchos compositores que vinieron tras suyo, como Ludwig van Beethoven (1770–1827), Pyotr Ilyich Tchaikovsky (1840–1893) y Fryderyk Franciszek Chopin (1810–1849).

Lo que vemos hoy en día es muy diferente de la determinación, creatividad y motivación de Mozart. Prueba esto: ve a LinkedIn y mira los perfiles de algunas de tus conexiones. Apuesto a que la mayoría enumera funciones desempeñadas en distintas organizaciones, pero no necesariamente aquello que los hace únicos. "Gestiono esto, responsable de aquello", dirán. Esto es consecuencia de la educación estilo fábrica que hemos recibido: aprendimos que tenemos un papel y que somos reemplazables porque el foco está en la tarea en vez de estar en lo que hace única a la persona.

Si viviera hoy, el perfil de LinkedIn de Mozart diría algo así: "Mi nombre es Wolfgang Amadè Mozart. Soy un distinguido músico profesional y compositor de música clásica. Lo que me distingue de otros compositores es mi capacidad de escribir piezas premiadas en todos los grandes géneros musicales clásicos con sofisticación técnica y alcance emocional avanzados. Toco el piano, el violín, el clavecín y el clavicordio. He compuesto hasta aquí más de 600 sinfonías, conciertos y óperas, incluyendo *La Sinfonía París*, *Las Bodas de Fígaro*, *Don Giovanni*, los cuartetos a Haydn y *La Flauta Mágica*. ¿Tienes piel de gallina cuando escuchas mis creaciones? ¡Ese soy yo! Es la emoción que pongo en cada una de mis composiciones. Va de mi corazón directo al tuyo. En este momento estoy trabajando en un *Réquiem en re menor*. También he tocado por toda Europa frente a príncipes, emperadores y cortesanos. Compongo desde los 5 años, con la guía de mi amado padre y el apoyo de mi madre y hermana. Hoy, mis dos hijos y mi esposa son mi inspiración para seguir componiendo y tocando, junto con mi amor infinito por la música. Estoy disponible para comisiones. Consultas sobre mi trabajo por correo electrónico, por favor".

Aunque la mayoría de las empresas hablan de encontrar, desarrollar y mantener talento, en la realidad compartimentalizan el talento dentro de una función. Por lo tanto, cuando alguien se va, encuentran a una nueva persona para reemplazarla y desempeñar la tarea requerida. Al final de cuentas, la función sigue siendo la misma. Se trata simplemente de realizar tareas específicas dentro de un papel determinado, como en una fábrica. En mis más de 20 años trabajando en corporaciones de la lista *Fortune 100*, aprendí que nadie es irremplazable en el trabajo funcional. Para reflexionar: ¿estamos educando hoy a los estudiantes para un trabajo funcional o para que expresen y utilicen de la mejor manera posible sus talentos únicos?

Wolfgang Amadeus Mozart. Marie Curie. Henry Ford. Florence Griffith "Flo-Jo" Joyner. Abraham Lincoln. Thomas Edison. Albert Einstein. Amelia Earhart. Nikola Tesla. Aretha Franklin. Estos individuos—y muchos más—dejaron sus marcas en el mundo de maneras únicas. Puede haber otros músicos, inventores, matemáticos o atletas que serán recordados por sus propios legados, de maneras diferentes que las de estas personas. ¿Cómo podemos hacer que esa sea la norma?

~ MOTIVACIÓN INTRÍNSECA: LA FUERZA NECESARIA PARA DEJAR UNA MARCA ~

Sabemos poco de lo que se necesita para ser un medallista olímpico de oro, crear una industria o ser un líder comunitario. Solo conocemos los resultados: las canciones hermosas, las emociones en la cara del atleta triunfante, las comunidades mejoradas, los resultados del potencial desarrollado. Sabemos que cada uno de estos individuos tenía una motivación intrínseca que los hacía seguir más allá de lo que dijeran los otros o de las circunstancias en las que vivieron: porque amaban lo que hacían. Gracias a esta motivación intrínseca, cada uno de ellos pudo destrabar su potencial, convertir su sueño en realidad y prosperar en su vida.

En educación hablamos todo el tiempo de potencial. ¿Qué significa "potencial"? Nuestra definición es: la combinación de habilidades que hace única a una persona y destraba su valor infinito. Cada uno de nosotros tiene su potencial único, que solo nosotros podemos desarrollar. Lo que tenemos que aprender es cómo desatarlo. El trabajo de un educador es acelerar el proceso de fomento del potencial pleno de cada estudiante. Para esto debemos construir su motivación intrínseca para que ellos trabajen lo que sea necesario para alcanzarlo[49]. Esto es precisamente lo opuesto a la que la mayoría de los estudiantes experimenta en las escuelas de hoy.

Echemos un vistazo a algunos de los elementos de la motivación intrínseca y su importancia para ayudar a las personas a llegar a su potencial. Un ejemplo: en 2010, la esquiadora Lindsey Vonn ganó la Copa Mundial de Esquí Alpino en descenso femenino de la Federación Internacional de Esquí (FIS). En una entrevista, admitió haber cometido un "gran error" en la primera parte de pista, y sus hinchas dudaban si podría ganar. "Simplemente seguí luchando en toda la bajada", dijo. "No esquié perfecto hoy, pero iba en la dirección correcta". Enfocó su atención en el camino y ganó por 0,68 segundos. El desempeño de Vonn es otro buen recordatorio de que desempeñarse de acuerdo con el potencial no significa necesariamente una ejecución perfecta, pero sí saber que tienes la habilidad de corregir el rumbo y lograr el resultado deseado.

La motivación intrínseca es esa fuerza interna que nos motiva a hacer algo cuando sabemos que habrá una recompensa significativa, valiosa, tal como seguir nuestra pasión, disfrutar una tarea o sostener un valor moral. La motivación intrínseca fomenta un deseo personal de hacer y ser mejor. Este estado mantiene un lindo equilibrio de dopamina y endorfinas. Por el contrario, la motivación extrínseca genera un comportamiento específico con una recompensa externa, como el dinero, un cupón o bienes. En el sistema educativo, la razón externa son generalmente buenas calificaciones y a lo que ellas pueden llevar; crea un estado cerebral con una dosis extra de neurotransmisores de norepinefrina de protección extrema y poco espacio para experimentar el fracaso. La motivación intrínseca es lo que hace que los atletas sigan entrenando, los emprendedores trabajando y los científicos investigando. Algunos están más inclinados a tener motivación intrínseca que otros, pero los investigadores ahora entienden que es una habilidad que puede ser desarrollada[50].

~ DESARROLLANDO LA MOTIVACIÓN INTRÍNSECA ~

Cuando las personas están motivadas intrínsecamente tienen un mejor desempeño y una mayor satisfacción personal, como muestra Daniel Pink, autor de la lista de *best-sellers* del *New York Times*, en varios libros sobre el éxito empresario[51]. Las personas motivadas intrínsecamente entienden que el esfuerzo trae las recompensas que ellas quieren. El requisito para desarrollar motivación intrínseca es "creer que tenemos autoridad sobre nuestras acciones y contexto", como escribió Charles Duhigg, periodista ganador del premio Pulitzer y escritor sobre ciencia en su libro *Smarter Faster Better*[52]. "La motivación es activada por decisiones que nos demuestran a nosotros mismos que estamos en control. La elección específica que hacemos importa menos que la aserción de estar en control. Este sentimiento de autodeterminación es lo que nos impulsa". En otras palabras, la motivación intrínseca requiere autonomía: ser autodirigido, la capacidad de tomar nuestras propias decisiones.

Duhigg también escribió en ese mismo libro sobre una investigación de psicólogos de la Universidad de Columbia publicada en 2010 en el journal *Trends in Cognitive Sciences*. "**La necesidad de control es un imperativo biológico**", citó de aquel artículo, y después escribió: "La investigación muestra que cuando las personas creen que están en control, trabajan más, son más resilientes y se empujan más a sí mismas. Cada decisión—no importa lo pequeña que sea—refuerza la percepción de control y autoeficacia". Para ayudar a los estudiantes a desarrollar motivación intrínseca debemos empoderarlos deliberadamente para que planifiquen, actúen, tomen decisiones, cambien el rumbo de acción y se transformen a sí mismos. Debemos guiarlos para que se conviertan en estudiantes autónomos[53].

Hasta niños preadolescentes se comportan de manera impresionante cuando se los empodera así. Hace unos años visité una escuela en México en la que los maestros recibían desarrollo profesional continuo por parte de mi organización, con énfasis en entender e inculcar autonomía de aprendizaje. Vi a dos niños de 11 años, Ana y Nicolás, estudiando matemática. "¿Qué están haciendo?", pregunté. "Estoy ayudando a Nicolás con matemática", respondió Ana. "¿Por qué estás haciendo eso?", repliqué. "Bueno, porque yo estoy mucho más avanzada y el muy por detrás y me pidió ayuda", respondió Ana. "¿Nicolás, por qué estás atrasado?", le pregunté. "Decidí jugar y me atrasé en matemática". "Ah. ¿Y qué harás diferente la próxima vez?", indagué. "Planificaré mejor mi tiempo: tiempo para jugar y tiempo para aprender matemática", respondió Nicolás. Nicolás nunca dijo que le cuesta o que no le gusta la matemática. Entendía que, de planificar mejor su tiempo, cumpliría con el trabajo. En esta escuela los propios estudiantes incorporan la creencia de que pueden lograr lo que sea que se propongan.

Tener control de su aprendizaje motiva a los estudiantes a lograr el dominio, una actitud de "yo-puedo-hacer-esto". En ese camino de mejorar en algo, ellos desarrollan habilidades clave que les serán de utilidad de por vida, incluyendo la resiliencia. Interesantemente, hay investigaciones que han encontrado que uno de los factores principales asociados con una mayor resiliencia es el grado de control que uno tiene sobre situaciones y su habilidad para identificar y utilizar sus habilidades para cambiar la situación. A medida que aumenta la autonomía del estudiante, aumenta su dominio, y esto lleva a una motivación intrínseca aún mayor. Si se agrega un propósito, los estudiantes estarán altamente motivados y felices. ¡El camino ya no es doloroso cuando ellos mismos han diseñado su propio destino!

Jonathan, de 13 años, ayuda a sus padres a cosechar café en Concordia, Colombia entre octubre y diciembre. Allí, el año escolar va de enero a noviembre y, a su edad, normalmente tendría que abandonar la escuela porque su trabajo le impide asistir los últimos dos meses. Sin embargo, los padres de Jonathan descubrieron una escuela en Itagüí, un municipio a dos horas de donde viven, que proporciona un nuevo sistema de aprendizaje que permite a Jonathan seguir en la escuela. En esa escuela Jonathan es responsable de su propio aprendizaje. Sabe que debe terminar todo el grado para fines de septiembre, dos meses antes del fin del año escolar, así puede cosechar café con su familia mientras que sigue invirtiendo en su futuro en la escuela. Igual debe lograr el 100% de los requisitos para pasar al próximo grado. Como sabe que hay oportunidades en su futuro aparte de cosechar café y como ha sido empoderado con autonomía de aprendizaje, Jonathan tiene una motivación intrínseca para aprender, alimentada por su autonomía, su dominio del proceso de aprendizaje y su sentido de propósito. Está 100% comprometido a completar su trabajo para septiembre de cada año.

La buena noticia es que hay mucha investigación científica que comprueba que la motivación intrínseca puede desarrollarse a cualquier edad. Nuestra propia experiencia en escuelas lo ha comprobado una y otra vez. Cuando los estudiantes logran pequeños avances, aumentan su confianza y autoestima. Empiezan a creer en sus capacidades personales y en su posibilidad de ser exitosos con una tarea[53]. Lo que los impulsa a zambullirse en el aprendizaje es su motivación intrínseca. ¡Descubrimos que es más fácil fomentar el potencial de los estudiantes que corregir sus deficiencias y tratar de adaptarlos al sistema educativo! En los próximos capítulos te contaré los detalles de cómo fomentar la motivación intrínseca, la autonomía de aprendizaje y el dominio en tus estudiantes.

– EL VALOR DEL FRACASO –

La vida está llena de éxitos y de fracasos. Cada individuo mencionado en este capítulo tuvo fracasos antes de hacer aquello que los hizo pasar a la historia. Tuvieron éxito gracias a su motivación intrínseca. ¿Cómo lidiaron con el fracaso?

El fracaso es una parte esencial del aprendizaje autónomo. Piensa en el proceso de un niño que aprende a caminar: gatea, se tropieza, se mantiene erguido, se tropieza, un par de pasos, caída y finalmente camina. Con los estudiantes debemos seguir el mismo proceso: dejar que tropiecen, se caigan y logren dominar por sí mismos en todos los aspectos de su vida. El fracaso dentro de la seguridad del ambiente escolar y con el apoyo de sus educadores ayudará a los estudiantes a mejorar sus habilidades, corregir el rumbo y seguir creciendo.

Mira esta historia de mi propia vida: a los 5 años descubrí la serie de TV "La Mujer Maravilla". Era una mujer hermosa, bien vestida, con su pelo siempre peinado. Cada vez que podía ayudar a otros se transformaba en la Mujer Maravilla girando sobre sí misma, lo que invocaba una luz brillante que le otorgaba un pelo ondulado, un traje especial y superpoderes. Yo estaba impresionada por cómo esta mujer peleaba contra los malos, saltaba desde edificios, volaba un avión invisible y paraba balas con sus brazaletes dorados.

En un día de inspiración, yo estaba jugando afuera, haciendo de la Mujer Maravilla, y decidí saltar de un árbol. Por entonces, los programas de televisión no tenían los mensajes legales de no-intenten-esto-en-casa. ¡Así que creí que mis superpoderes me permitirían aterrizar perfectamente, igual que la Mujer Maravilla! Al final de cuentas, yo también era mujer y, por lo tanto, merecedora de los mismos superpoderes. Sin embargo, resultó no ser así. Me rompí un diente y conseguí varias lastimaduras. El diente fue reemplazado recién dos años después, lo que me recordaba que no debía saltar desde los árboles y que no era la Mujer Maravilla. Fue una desilusión, pero también una lección de vida.

Mi madre me podría haber ayudado a no tener esa experiencia y a evitarme un diente roto con solo prohibirme trepar árboles y saltar de ellos. Sin embargo, si hubiera hecho eso nunca hubiera llegado a mis propias conclusiones en cuanto a de qué soy capaz o identificar qué habilidades necesito para realizar tareas específicas, todo en la seguridad de mi ambiente familiar. Llevé esa práctica conmigo como líder y gerente, permitiendo que los miembros de mi equipo probaran sus ideas, que fracasaran de ser necesario y que llegaran a sus propias conclusiones respecto de cuáles ideas eran buenas y cuáles necesitaban mejoras.

La educación debe tratarse de ayudar a los niños a escribir sus propias historias. Los reveses desarrollan resiliencia, así que deja que intenten y fracasen todas las veces que sea necesario en la seguridad del ambiente escolar. ¿Qué consecuencia tiene un error? La única referencia que tienen los chicos hoy son los videojuegos, en los que tienen siete vidas y vuelven a vivir después que alguien los "mata". De hecho, esa es una referencia bastante buena.

Cuanto más consciente seamos y más practiquemos sobrellevar obstáculos, más preparados estaremos para enfrentarlos. El poder de la perspectiva—en este caso, llegar a un objetivo más alto—puede cambiar la manera en que lidiemos con los reveses, y podemos ayudar a los estudiantes a identificar este poder mientras estén en la escuela. ¡Van a terminar aprendiendo que es bueno tener resistencia porque es una señal de que se está avanzando! Al final de cuentas, los aviones despegan contra el viento. En términos biológicos, formamos redes neuronales para lidiar con cualquier obstáculo que enfrentamos, como hizo Lindsey Vonn en la primera parte de la pista de la Copa Mundial de Esquí Alpino cuando cometió un error, pero confió en que aún podía terminar con un récord personal.

Pensamos que la gente exitosa tiene superpoderes. Pero en realidad es que han descubierto la combinación de habilidades que los hace exitosos—un poder disponible para todos–. Nuestro trabajo como educadores, padres y líderes es brindar a los estudiantes las herramientas adecuadas para alimentar su motivación intrínseca porque tienen la creencia de que pueden lograr lo que desean y lograr el éxito en sus propios términos. Al final de cuentas, la palabra educación viene del latín *educare*, que significa "sacar afuera, desarrollar desde dentro, traer al frente desde dentro".

~ MANTENIENDO EL CEREBRO EN MOVIMIENTO ~

En resumen, cada vez que tus estudiantes tienen pequeños éxitos, su motivación intrínseca aumenta, e igualmente su creencia de que pueden cumplir los objetivos que se hayan fijado a sí mismos. Los estudiantes apuntarán más y más alto a medida que los desafíes. Es la dopamina trabajando en sus cerebros. Entonces: ¿Cómo ponemos en marcha este ciclo de motivación intrínseca y logro de pequeños éxitos? Mantenemos a sus cerebros trabajando.

La primera ley de movimiento de Newton dice que los objetos en reposo tienden a mantenerse en reposo y los objetos en movimiento tienden a mantenerse en movimiento, salvo que una fuerza externa actúe sobre ellos. Entonces: ¿Qué hace que, en nuestro sistema escolar de la era industrial, los cerebros de los estudiantes estén casi en reposo, recibiendo información hasta que se gradúan del bachillerato, asisten a la universidad y solo entonces comienzan a trabajar? Si es verdad que toma 10.000 horas de práctica convertirse en experto de cualquier cosa, y los estudiantes pasan 16.800 horas—desde jardín de infantes hasta el bachillerato—practicando sentarse y esperar hasta la próxima instrucción: ¿Qué podemos esperar de ellos en la adultez? Creo que los cerebros de los estudiantes están en reposo durante su trayectoria de jardín de infantes hasta 12º grado y que, al tener tanta práctica de ello, tenderán a mantenerse en reposo una vez que se gradúen. No sorprende entonces que las empresas se quejen de que los empleados jóvenes carecen de iniciativa y de habilidades interpersonales. ¡Me pasó a mí! ¿Recuerdas la historia del Capítulo 4 en la que tenía que enviar una propuesta por fax?

¿Qué significa un cerebro en reposo en el mundo del trabajo? Un ejemplo: dos ingenieros bien pagos y bien educados una vez me contaron que la mayoría de los proyectos en los que trabajan puede completarse en horas, pero que convencen a sus gerentes de que les tomarán de tres a siete días. Los ingenieros me contaron que así es como mantienen sus trabajos: convenciendo a los jefes de que sus desafiantes contribuciones toman mucho tiempo. Lo más probable es que los gerentes trabajen de la misma manera. Creo que esta actitud viene de 16.800 horas de práctica en la escuela en las que las personas aprenden que solo necesitan presentar un trabajo suficientemente bueno y no excelente. Cuando los cerebros se acostumbran al reposo, las personas solo realizan la función para las que han sido contratadas. No innovan, y así el mundo pierde productividad y nuevas ideas.

Déjenme contarles una historia de un viaje a Argentina de hace unos años. En el taxi desde el aeropuerto al hotel, el conductor, Matías, se quejaba del gobierno mediocre del nuevo presidente y de cómo sufría la economía. Me sorprendió, sin embargo, cuando identificó a la educación como el problema más crítico a resolver en su país, y que un mejor sistema educativo permitiría que Argentina tuviera "ciudadanos más productivos y respetuosos". "Si yo pudiera arreglar el sistema educativo", me decía, "me aseguraría de que los estudiantes aprendan a perseverar. Tengo 56 años y soy taxista. Empecé tantos proyectos que no terminé . . . Hoy yo estaría en un lugar mucho mejor si mis maestros me hubieran ayudado a trabajar en mi potencial y si hubiera aprendido a perseverar".

Matías es producto de un sistema educativo que demanda que los estudiantes hagan exactamente lo que les dicen, siguiendo la definición de éxito de alguien más y recibiendo reconocimiento solo de la persona que ha definido el éxito. Después de tantos años, el cerebro se acostumbra a este entrenamiento tan específico: "haz lo que yo digo y serás recompensado con la calificación que solo yo puedo darte". Ahora entiendes por qué Matías nunca pudo terminar sus proyectos personales. Aunque intentó intensamente fijarse metas, estaba acostumbrado a buscar reconocimiento y aprobación de otros. ¡La primera respuesta negativa de cualquiera era suficiente para que se diera por vencido! Matías puede haber sido muy talentoso en algo, pero al no actuar en consecuencia, su talento devino irrelevante. El talento no se trata de tener habilidades sino de tener la habilidad de desarrollarlas.

Matías tiene razón al decir que la educación debería encarar el tema que él enfrentó toda su vida. Hay investigaciones que demuestran que los estudiantes PUEDEN desarrollar perseverancia en la escuela exponiéndose a situaciones en las que pueden practicar resiliencia frente a la adversidad o dificultad[54]. La perseverancia es consecuencia de la motivación intrínseca. La seguridad del ambiente escolar permite un entrenamiento adecuado para identificar, lidiar con, adaptarse a, y recuperarse de la adversidad. La perseverancia desarrolla la resiliencia, que equipa a los estudiantes para perseguir y hacer realidad todo su potencial.

Los humanos pueden y deberían crecer hasta su potencial—el resto de la naturaleza lo hace, salvo que sea movida de su rumbo—. El árbol crece hasta su altura máxima. El tigre es tan fuerte como puede. Las montañas del mundo siguen creciendo. Nunca viste un elefante adulto pequeño. ¿Cuántas personas de 56 años en la situación de Matías, sin poder crecer hasta su potencial, conoces? ¡Los humanos son los únicos que limitan su propio potencial!

Cuando personas de cualquier edad son alentadas a acelerar sus cerebros, se sienten motivadas y conectadas. Ningún padre, maestro, empresa o país quiere personas que dependan de ellos de por vida. Pero los sistemas educativos industriales, al mantener los cerebros de los estudiantes en reposo, están creando esta dependencia. Por otro lado, si mantenemos a sus cerebros "en movimiento" durante sus años escolares, se seguirán moviendo cuando dejen la escuela.

En años recientes, compañías como Uber y Airbnb lograron mucho éxito operando sobre modelos de negocios que buscan acceder a recursos subutilizados, como un auto en el garaje o una casa temporalmente vacía. Ahora piensa las cosas que podrían hacer los estudiantes si los sistemas escolares usaran mejor sus cerebros subutilizados, permitiendo que se "muevan" más a menudo en la seguridad del ambiente escolar. ¡Podrían practicar y convertirse en expertos de cosas que les apasionan: invenciones, soluciones, técnicas, deportes y tanto más! Después de 16.800 horas de práctica de "cerebro en movimiento", sus cerebros tenderían a mantenerse en movimiento por el resto de sus vidas. "La vida es como andar en bicicleta. Para mantener el equilibrio hay que mantenerse en movimiento". (Albert Einstein)

La pregunta del título de este capítulo es capciosa. Joseph Haydn, un compositor austríaco del período clásico, escribió sobre Mozart: "la posteridad no verá un talento así en 100 años"[55]. Estaba equivocado. La posteridad nunca volverá a ver un talento como Mozart. Nadie reemplazó a Mozart, y nadie lo hará. Cada ser humano tiene un talento único para contribuir al mundo. Cada uno de nosotros es el único que verdaderamente entiende su propio potencial y cómo nutrirlo. El talento nos permite mejorar habilidades específicas más rápidamente, pero es el *esfuerzo* continuo de practicar lo que hace que esas habilidades sean productivas y útiles. Por eso es tan importante que el sistema educativo desarrolle la motivación intrínseca y la autonomía de aprendizaje de cada estudiante, fomentando en consecuencia su potencial.

Si toda persona pudiera impactar el mundo de una manera única como hizo Mozart, seríamos, sin duda, una sociedad más avanzada. Un talento subdesarrollado es solamente un talento-en-potencial, un talento que no se expresa. ¿Cuáles serán las historias de tus estudiantes dentro de 200 años?

Ya sabes qué es lo que hace falta para que vivan historias fantásticas: motivación intrínseca. Entonces: ¿dónde empezamos? Puedes comenzar transformando tus propias prácticas como educador, padre o líder. Sigue el consejo del filósofo romano Marco Aurelio "no gastes más tiempo discutiendo cómo debe ser un hombre bueno. Sé un hombre bueno". En los próximos capítulos aprenderás cómo hacerlo.

CAPÍTULO 8

EL JUEGO INFINITO

"Los amateurs practican hasta que les sale bien. Los
profesionales practican hasta que no les puede salir mal".

~PETER VOOGD

Free Solo es un documental sobre el intento de Alex Honnold de
escalar sin cuerdas la cara de granito del cerro El Capitán de 3.300
pies (1.006 metros) en el Parque Nacional Yosemite, en California. Alex,
de 32 años en ese momento, muestra allí cómo practicó obsesivamente
para ejecutar la subida. Primero practicó con cuerdas, probando agarres
y pasos en diferentes lugares de El Capitán, evaluando qué funcionaba
y qué no, intentando nuevamente, evaluando, y así sucesivamente hasta
que supo qué funcionaría. Después repitió la mejor ruta una y otra
vez, y una vez más, evaluando su desempeño después de cada práctica,
perfeccionando sus acciones, hasta que supo qué funcionaba mejor.

Para escalar usaba su cuerpo y su mente, y podía recordar exactamente el siguiente paso.

En términos biológicos, practicando, evaluando y volviendo a practicar, Honnold estaba fortaleciendo su red neuronal de escalar-El-Capitán-sin-cuerdas hasta que su habilidad quedara guardada en su cerebelo y que pudiera hacerlo sin pensarlo dos veces.

Honnold sabía que debía estar preparado física y mentalmente. Al final de cuentas, tres personas habían muerto intentando antes ese ascenso sin cuerdas. Si lo lograba, sería el primero en hacerlo. Sabía que un agarre equivocado o una patinada significarían su muerte. Durante la preparación, de dos años, Honnold se lastimó muchas veces, tuvo dudas, sintió el peso. Muchas de sus autoevaluaciones le mostraban lo que debía mejorar. La magnitud del objetivo a veces lo asustaba. Y como si eso fuera poco, personas de su círculo lo presionaban mucho para que lo hiciera rápido, lo que significó una carga emocional.

El 3 de junio de 2017, Alex Honnold escaló la cara de 3.300 pies de El Capitán, sin cuerdas ni ningún otro elemento de protección, en 3 horas y 56 minutos. Cabe la comparación: al escalador promedio que logra el ascenso con cuerdas de las 0,6 millas de El Capitán le toma de tres a cinco días. Sí, quiere decir que duermen un par de noches colgando de una pared.

"El desempeño es todo", dice Honnold en el documental. "Nadie logra nada grande porque esté contento. Se trata de ser un guerrero. No importa la causa: este es tu camino y lo sigues con excelencia. Enfrentas tu miedo porque tu causa lo demanda". En su búsqueda de la excelencia, Honnold se convirtió en el primer atleta en llevar el alpinismo a sus límites máximos de habilidad física, toma de riesgos y fortaleza mental. Es la misma resiliencia y actitud implacable de un emprendedor que funda una empresa de miles de millones de dólares en el garaje de sus padres o del científico que busca el próximo gran descubrimiento.

Esta historia demuestra varias lecciones relevantes al aprendizaje efectivo:

1. La autoevaluación es crucial para lograr el dominio de una habilidad—o una montaña–.

2. Los grandes logros solo llegan con la búsqueda de la excelencia: y esta búsqueda debe ser continua.

3. Cada persona tiene el nivel de excelencia personal al que debe esforzarse por llegar: no todos podemos hacer una escalada libre a El Capitán, pero todos podemos perseguir nuestro propio mejor desempeño.

La gente adora a héroes como Honnold, seres humanos que hacen lo imposible, que creen que pueden ejecutar lo que sea que se propongan. ¿Has notado cómo te motivas a conquistar el mundo después de ver una película inspiradora? Las películas más taquilleras son aquellas donde gana el bien, triunfa el amor, las personas comunes sobrellevan desafíos que ponen en riesgo sus vidas y los héroes terminan con el mal.

La preventa de *Avengers: End Game* abrió el 2 de abril de 2019 e hizo caer todos los sitios web de venta de entradas para el estreno del 26 de abril. Se esperaba que la película generara más de US$800 millones solo en el primer fin de semana, pero superó los US$1.200 millones. Los que compraron esas entradas están sentados en tu aula o trabajando en tu oficina; se mueren por tener una vida llena de aventuras en la que puedan ser ganadores. La gente quiere creer, quiere ser desafiada, encontrar en su centro la intensidad que traiga a su vida un propósito. Quieren involucrarse en la búsqueda de algo mayor que ellos mismos, de algo valioso. Quieren ser el Alex Honnold de su propia historia.

Como maestro, puedes usar ese deseo para ayudar a tus estudiantes a perseguir su propia excelencia. Guíalos a convertirse en los héroes de sus propias historias mostrándoles que la vida puede ser un juego infinito.

~ ¿QUÉ ES UN JUEGO INFINITO? ~

"Hay por lo menos dos tipos de juegos. Uno puede llamarse finito; el otro infinito", dijo el filósofo James P. Carse en su libro *Finite and Infinite Games: A Vision of Life as Play and Possibility* (*Juegos finitos e infinitos: la vida como juego y posibilidad*). Carse explica que los juegos finitos tienen reglas claras conocidas por todos los jugadores y terminan cuando uno de ellos gana. Como en el juego finito debe haber un ganador, se pone una enorme atención en el cumplimiento de las reglas para que sea "justo" para todos los jugadores. Los juegos de cartas, los deportes y muchos juegos de mesa y videojuegos son finitos. Los jugadores compiten entre sí. Uno debe ganar y el resto debe perder.

En cambio, el objetivo de un juego infinito es que no termine nunca. Las reglas, fronteras y hasta los jugadores pueden cambiar en el camino para mantener vivo al juego. Según Carse, "los jugadores finitos juegan dentro de fronteras; los jugadores infinitos juegan con las fronteras". En los juegos infinitos los jugadores contribuyen a mantener vivo el juego con un propósito claro. Los jugadores tienen conciencia continua, pueden identificar los recursos necesarios y las habilidades que deben desarrollar. No hay perdedores; todos ganan en la medida que siga el juego. El desafío es mantener al juego vivo.

Los juegos infinitos son parte integral de nuestras vidas. Es difícil saber qué pasará en el futuro cuando elegimos una carrera en particular, nos casamos, tenemos hijos, cambiamos de trabajo, nos mudamos a otro país y así sucesivamente. Las grandes decisiones en la vida pueden llevar al éxito o al fracaso una vez que se toman. Nunca podemos volver atrás y deshacer nuestras decisiones, tenemos que seguir jugando el juego infinito que tenemos por delante.

~ EL JUEGO FINITO DE LAS PRUEBAS ESTANDARIZADAS ~

Las pruebas estandarizadas evalúan la capacidad de los estudiantes para recordar—o memorizar—lo que, en teoría, han aprendido a lo largo del año escolar. Crean una dinámica de competencia porque su naturaleza es comparar el desempeño de un estudiante con el de otro bajo las mismas reglas, otorgándoles calificaciones de bajas a altas: ganadores y perdedores. Esta cultura gana prominencia en toda la vida del estudiante: querer ser "el mejor" se pone en el camino de ser mejor de lo que era ayer. Como en juegos finitos, las pruebas estandarizadas requieren reglas impuestas por alguien más—el sistema educativo—y comparar a los estudiantes entre sí. Los estudiantes terminan frustrados cuando no ganan.

En 2014, Katie Brown, de Seattle, Washington, fue nombrada Maestra del Año del Estado de Washington. Entrevistada por Bill Gates, compartió una gran desilusión con la que había luchado: tenía un estudiante de otro país que en solo un año avanzó cuatro grados en su nivel de inglés después de "un esfuerzo heroico, suyo y de sus maestros". Y, sin embargo, sus calificaciones en pruebas estandarizadas decían que no tenía la aptitud al nivel de su grado. ¿Se imaginan cuán frustrante es eso para el estudiante y su familia? ¿Cuál es la probabilidad de que abandone? ¿Cómo impacta en su autoestima?

Conocí muchos educadores que, como esta maestra del año, se frustran cuando las evaluaciones no reflejan o valoran el *esfuerzo* que puso el estudiante. Las pruebas estandarizadas crean en estudiantes y educadores una cultura basada en el miedo. Los estudiantes aprenden que, si no se sientan quietitos, prestan atención, hacen su tarea y rinden bien en las pruebas, no serán alguien en la vida. Los educadores aprenden que, si a sus estudiantes no les va bien en las pruebas, no obtienen su bono salarial o incluso pueden perder recursos. ¿Para qué mundo los estamos preparando? ¿Uno en el que deben seguir órdenes o ser castigados?

Los "expertos" usan los resultados de pruebas estandarizadas para definir nuestro potencial o de qué somos capaces. Cuando los estudiantes reciben puntajes bajos en estas mediciones pueden darse por vencidos porque los "expertos" les dicen que no se desempeñan al estándar; muchos pasarán el resto de sus vidas, por lo tanto, creyendo que son incapaces. Como el resultado de su esfuerzo es desagradable o insuficientemente gratificante, su cerebro no produce dopamina. Esta falta de dopamina los desalienta a seguir intentando. Muchas veces terminan culpando a influencias externas por su fracaso: sus maestros, la escuela, sus condiciones socioeconómicas, falta de tecnología o laboratorios u otros factores. Cuando no se enseña a los estudiantes a tomar responsabilidad de su propio aprendizaje y de sus acciones, pasan a creer que no son capaces de cambiar su situación de vida.

Para los "expertos", muchas personas que cambiaron el mundo eran un fracaso. El sistema educativo actual probablemente diagnosticaría a Einstein, Edison y Leonardo Da Vinci como TDAH, y se los medicaría para "arreglarlo". No se ajustaban a la norma. El joven Leonardo hacía demasiadas preguntas, a Albert le dijeron que "nunca llegaría a nada" y uno de sus maestros etiquetó al pequeño Tomás como "incapaz de pensar con claridad".

Aunque solo tuvo tres meses de escolaridad, Edison se convirtió en el mayor inventor norteamericano de la historia. ¿Quién creyó en él y lo motivó para explorar su potencial? Su madre, Nancy Edison, quien ofreció estímulo, confianza, estándares altos y una "educación superlativa en aprender a aprender", según el libro *Innovate Like Edison* (*Innova como Edison*)[56]. El pequeño Thomas tuvo suerte de tener una madre como Nancy, una educadora natural. Y, ya que estamos: Edison perdió casi toda su audición de niño, lo que nunca fue un impedimento para su éxito.

~ EL MUNDO REAL DEL JUEGO INFINITO ~

En el mundo real, muchas compañías prosperan por jugar un juego infinito en vez de uno finito. En lugar de enfocarse en la competencia y obsesionarse con los resultados de cada trimestre, estas compañías se enfocan primero en su misión y propósito. Un ejemplo es Costco, que ignora las expectativas y las demandas de márgenes de ganancias de Wall Street y se enfoca en cambio en construir permanentemente una compañía que siga vigente y en crescimiento durante los próximos 20 años. En Apple, el difunto Steve Jobs ayudó a rescatar a la compañía reenfocándola hacia las mejores innovaciones de dispositivos y transformando la mancra en que usamos la tecnología.

¿Qué tipo de seres humanos queremos formar en las escuelas? Si enseñamos a los estudiantes a jugar el juego infinito, aprenderán el hábito de estar siempre transformándose, que es clave para la felicidad en este mundo en cambio permanente. La automejora continua crea paz mental y, por lo tanto, una mejor calidad de vida. Y poner a los educadores en un juego infinito en lugar de uno finito llevará a educadores más felices, enfocados en la innovación y en encontrar nuevas maneras de sacar lo mejor de cada estudiante.

Los niños PUEDEN aprender a jugar el juego infinito de la vida si lo practican correctamente dentro de un ambiente escolar seguro. Al permitir que los estudiantes elijan un camino y experimenten las consecuencias de sus elecciones, también permitimos que ganen conciencia de cómo impactan las decisiones en su realidad. Esta práctica los preparará para evitar una vida de arrepentimiento, como Matías, el taxista de 56 años del que hablé en el Capítulo 7. Andrés, Ana, Nicolás y Jonathan están teniendo una experiencia de vida totalmente distinta porque desde pequeños practican diseñar sus futuros. Los adultos también pueden aprender a jugar el juego infinito de la vida desarrollando autoconciencia, entendiendo claramente qué quieren de la vida y estableciendo un plan para lograrlo. Todos tenemos historias para contar de lecciones aprendidas en nuestras vidas de adultos, el juego infinito que hemos estado jugando todo este tiempo.

Afortunadamente, la comunidad educativa alrededor del mundo cree que la educación centrada en el estudiante—un abordaje de tipo juego infinito—es la próxima evolución en el campo. Debemos dar un paso adelante e introducir evaluaciones personalizadas escalables en las que ellos puedan evaluar dónde están hoy respecto de dónde estaban ayer y continuar evolucionando. Esto los llevará más allá de su tiempo en la escuela. Una evaluación de siglo XXI se ve como un juego infinito en el que los estudiantes están todo el tiempo esforzándose por ser mejores que ellos mismos. El foco no está en la competencia o la comparación con otros sino, más bien, en la automejora permanente en beneficio de uno mismo y de la comunidad.

La evaluación de siglo XXI:

1. **Respeta las diferencias con evaluaciones personalizadas.**

Cada persona es única y puede traer un valor significativo al mundo. Cuando nos enfocamos en las fortalezas de cada estudiante en lugar de hacerlo únicamente en sus debilidades, mejoramos su autoestima, motivación intrínseca y resiliencia para que continúe prosperando. El fracaso es parte del proceso de aprendizaje y nunca definirá a aquellos que saben que pueden aprender.

2. **Reconoce el nivel de excelencia personal de cada estudiante.**

La evaluación del siglo XXI es personalizada para cada estudiante y lo ayuda a alcanzar su propio nivel de excelencia. Hay que pensar en la excelencia como progreso, no perfección. Los medallistas olímpicos de oro practican ser mejores que ellos mismos, no que otros. Esa es la historia de Flo-Jo, Michael Phelps y Lindsey Vonn. Fijan su propia vara de excelencia, disfrutan el camino y logran resultados. En mi organización, hemos visto que el logro de excelencia en los estudiantes tiene un efecto positivo que va mucho más allá de la escuela. Los padres nos dicen que sus hijos se convierten en mejores "ciudadanos" del hogar: por ejemplo, haciéndose cargo de tareas hogareñas. Creo que la práctica de dar el máximo en la escuela se traduce en dar lo mejor en sus relaciones, profesiones, en su involucramiento comunitario y más.

3. **Cambia hacia calidad constante y tiempo variable.**

Para la educación actual el tiempo es constante y la calidad variable. Al final del año escolar (tiempo), los estudiantes terminan con calificaciones estandarizadas (variable). Se presta mucha atención a las pruebas estandarizadas para medir cómo se compara un estudiante con otro, pero tenemos que hacer algunas preguntas difíciles: ¿ayudan los exámenes a los estudiantes a perseguir sus sueños? ¿Y si cambiáramos a una educación donde la calidad es constante y el tiempo variable? La principal medida del éxito sería el esfuerzo que aplicaron los estudiantes para lograr sus mojones de excelencia, más allá de cuánto tiempo les tome llegar allí. Algunos niños aprenden a caminar en 9 meses y otros en 14 meses. Lo que importa es que todos caminen, y no importa cuánto tiempo les toma aprender.

¿Entonces todos tendrán la mejor calificación? Nuestras mentes asocian excelencia con una una nota sobresaliente, y no debería ser así. Cada persona tiene su propio nivel de excelencia. Y por eso llegó el momento de excluir las calificaciones de nuestro vocabulario cuando se trata de educación. Esto se puede hacer cumpliendo con los requisitos del currículo. La evaluación es personalizada a los estudiantes, y cada uno llega a su propio nivel de excelencia. Al final de cuentas, no se habla de *cantidad* de vida: obtener una vida de solo sobresalientes comparada con la de alguien más. Pero sí se habla frecuentemente de *calidad* de vida: tener una vida extraordinaria.

4. **Desarrolla la capacidad de cada persona de realizar una autoevaluación consciente: el proceso de metacognición.**

    Siempre estamos evaluando todo lo que nos rodea. En este momento, estás evaluando si estas ideas tienen o no sentido para ti. Quizás estás pensando en la cena de esta noche, quién debe buscar a los niños luego de la práctica de fútbol o el informe del que hablarás en tu reunión de mañana. Estas evaluaciones nos permiten tomar decisiones, pequeñas o más significativas. La evaluación consciente es un proceso que nos permitirá aprender, tomar decisiones, mejorar por nuestra cuenta, autocriticarnos, autodirigirnos y muchos otros beneficios que crean una mejor experiencia de vida. La autoevaluación amplía nuestra visión: pasamos de preguntarnos "¿Por qué no puedo hacer esto?" a "¿Cómo puedo hacer esto?" Eso hacía Alex Honnold a cada paso hasta que llegó a la cima de El Capitán; o Thomas Edison, quien pasó por miles de teorías y muchos experimentos fallidos antes de descubrir la bombilla[57]. Pasamos de "pensar" que podemos hacer o ser, a "saber" qué podemos hacer o ser.

5. **Brinda a los estudiantes la libertad de demostrar aprendizaje.**

    Cuando los estudiantes pueden relacionar lo que han aprendido con lo que aman será más fácil demostrar aprendizaje. Es como intentar hablar un nuevo idioma y entablar una conversación. ¡Es tanto más fácil hablar de lo que amas y de lo que te inspira! En una visita reciente a una escuela, un estudiante me contó que había aprendido límites en matemáticas y que lo relacionó con su pasión, mencionando a varios autores de psicología y filosofía que hablaban de cómo los seres humanos se limitan a sí mismos. Ama la literatura y quiere ser psicólogo.

    Después de escalar El Capitán, Honnold contó que al subir sentía calma y libertad. Es su definición de estar "drogado", lo que, en términos biológicos, significa una linda dosis de dopamina y endorfinas desplegadas en todo su cuerpo. La práctica y autoevaluación continuas de Honnold inhibían cantidades grandes de adrenalina, que hubiera causado estrés, y norepinefrina, que hubiera preparado a su cuerpo para una respuesta de "lucha o huida" durante su escalada real. Cualquier desequilibrio de norepinefrina o epinefrina y Honnold estaría muerto.

La evaluación del siglo XXI desarrolla una capacidad de automejora continua, manteniendo vivo al juego infinito de vivir una vida extraordinaria. Si los estudiantes lo practican por 16.800 en sus años de escuela, harán lo inimaginable en la vida, como Alex Honnold.

CAPÍTULO 9

CÓMO DESPERTAR AL GENIO INTERIOR

"¿De qué sirve tener una panza si no hay
fuego en ella? Despierta, toma tu pasión,
enciende un fósforo y ponte a trabajar".

~Simon Sinek

Durante los últimos 10 años, mi organización ha tenido el privilegio de orientar, guiar y aconsejar a sistemas educativos genuinamente comprometidos a proveer la mejor experiencia para sus estudiantes y ayudarlos, a la vez, a desarrollar sus habilidades personales, intelectuales y socioemocionales. Me siento honrada de compartir este trabajo contigo.

Hablemos ahora de ti y de tus estudiantes y de cómo puedes poner en práctica lo que compartiré contigo en los próximos dos capítulos:

un sistema simple que activa el aprendizaje en sus cerebros. Y en caso de que estés pensándolo . . . no, no tienes que ser un neurocientífico para que el esquema funcione para ti. Ya tienes lo necesario: el deseo más profundo de capacitar a tus estudiantes a aprender. Estás a punto de descubrir la manera más rápida de ayudarlos a que aprendan con efectividad. Los seis pasos del Sistema de Educación Relacional logran consistentemente resultados excepcionales para miles de educadores que lo utilizan estratégicamente y al máximo. ¡Esta es una manera poderosa de ayudar a tus estudiantes a hacer realidad su potencial!

¿Recuerdas la regla de las 10.000 horas? Toma aproximadamente 10.000 horas, con retroalimentación adecuada y continua durante cada etapa del proceso, para que cualquiera se convierta en experto en algo. Los niños pasan aproximadamente 16.800 horas, desde jardín de infantes hasta 12º grado, sentados y esperando que alguien les diga qué hacer. La única retroalimentación que obtienen es la calificación que reciben al final de cada trimestre, cuando ya no pueden hacer nada al respecto. ¿Qué podemos esperar de estos estudiantes cuando lleguen a la vida adulta? Claro, queremos que sean creativos y proactivos, que sigan sus sueños, que sean exitosos. Sin embargo, no les damos la oportunidad de practicar eso mientras están en la escuela. ¡En cambio, se convierten en expertos en hacer lo que se les dice, no obtienen retroalimentación directa y oportuna y muchos acumulan fracasos a lo largo de los años!

Por eso los estudiantes están aburridos. Esta es la generación del ahora y de las experiencias personalizadas: MIS amigos, MI Instagram, MIS mensajes al mundo en *tuits*, MI *playlist*, MIS videos. Es momento de personalizar sus experiencias de aprendizaje con algo que sea significativo para ellos. Esta es la única manera de conectar con sus cerebros. El aula tradicional ya no tiene un propósito valioso en este mundo de alta estimulación cerebral. Pedir a los estudiantes que pasen un solo día más con un maestro en frente del aula y esperar que aprendan algo es como ir al gimnasio a mirar a gente ejercitando y esperar perder peso sin hacer el ejercicio.

No me malinterpretes. Sé que los líderes educativos están al tanto de esta nueva normalidad. Muchos están buscando soluciones para comprometer a los estudiantes. Por eso hoy vemos tantos programas postescuela, nuevos currículos y libros de texto y el uso de gran cantidad de aplicaciones en las escuelas. ¡El desafío es que los líderes esperan que los estudiantes den sentido a todo esto sin un proceso transparente, sin propósito ni significado para ellos! Todo tipo de metodologías pide un "cambio significativo", nueva tecnología, nuevos ambientes de aprendizaje y así sucesivamente. Pero la magia del aprendizaje no ocurre así: lo que sea que estos líderes buscan fomentar con recursos externos en realidad ya está dentro de tus estudiantes.

Cuando condicionamos el aprendizaje a recursos externos y al ambiente, aparecen las diferencias socioeconómicas. Y así habrá siempre dos grupos: lo que tienen y los que no. La equidad en educación se fomenta cuando comenzamos por algo que todos los estudiantes tienen: un cerebro. En nuestras investigaciones, encontramos que los factores y recursos externos, como la tecnología, los laboratorios o libros de texto específicos, pueden acelerar el aprendizaje. Pero esos recursos devienen inútiles sin un proceso que guíe a los niños y a los educadores sobre cómo aprender.

Nuestras investigaciones muestran que, más allá de los recursos disponibles, una vez que el cerebro está comprometido a hacer o a aprender algo, encontrará una manera de hacerlo. Como Katie y Maria, dos alumnas de 7º grado de una escuela rural con la cual trabajamos: ellas encontraron la manera de estudiar música en Londres, aunque inicialmente carecían de los recursos económicos para hacerlo.

A esta altura ya sabes que, para personalizar realmente la experiencia de aprendizaje de tus estudiantes, primero debes entender cómo funciona el sistema de aprendizaje en el cerebro. Los educadores exitosos lo saben y están equipados para tomar las acciones adecuadas para activar su motivación intrínseca para aprender. Cuando te esfuerzas por enseñar a cada uno al máximo de tus posibilidades, no deberías volar a ciegas. No deberías estar adivinando y esperando que ellos aprendan. Tienes que avanzar sabiendo exactamente qué hacer de tu lado, sin tener que estar adivinando nada.

~ EL FUNDAMENTO NEUROLÓGICO DEL SISTEMA DE EDUCACIÓN RELACIONAL ~

En capítulos anteriores comenzamos a explorar cómo funciona el aprendizaje dentro del cerebro humano. Ahora te voy a ofrecer medidas concretas para acceder a la inteligencia biológica de tus estudiantes. En este capítulo y el siguiente profundizaremos en cada uno de los seis pasos del Sistema de Educación Relacional. Vas a tener un plano fácil de usar con todo lo que necesitas para comenzar, crear una experiencia verdaderamente personalizada para tus estudiantes y desarrollar su autonomía de aprendizaje. Primero te voy a mostrar cómo capacitarlos para que aprendan con efectividad y desarrollen habilidades socioemocionales cruciales a través de un único proceso. Una vez que entiendas esta parte, exploraremos estrategias para cada uno de los seis pasos del Sistema de Educación Relacional que consistentemente guiarán a los estudiantes hacia el éxito académico y personal.

La Educación Relacional es una combinación de diversas estrategias y prácticas basadas en la investigación que se ha comprobado que mejoran los logros académicos, el comportamiento social, el compromiso en la escuela y el involucramiento comunitario de los estudiantes[58]. La investigación cognitiva muestra que los programas educativos deberían desafiar a los estudiantes a vincular, conectar e integrar ideas tomando en cuenta sus percepciones de problemas del mundo real[59].

La Educación Relacional pone al estudiante en el centro del proceso como un estudiante activo, y no pasivo[60], con más responsabilidad y capacidad de rendir cuentas[61]. A través de reuniones uno a uno habituales en las que el estudiante y el educador reflexionan juntos sobre su progreso, los educadores pueden personalizar la trayectoria de aprendizaje de cada uno. La retroalimentación al estudiante es clave para poner objetivos a partir de conocimientos anteriores y para desarrollar competencias de aprendizaje[62].

Interactuando regularmente mano a mano con los estudiantes, los educadores identifican las maneras adecuadas de abordar su aprendizaje y de usar los estilos de aprendizaje y las múltiples inteligencias. La prioridad de la Educación Relacional es la necesidad de que los estudiantes accedan a los diferentes modos de aprendizaje y los integren para aumentar las oportunidades de acceder a nuevos conocimientos y retenerlos[63]. Con la Educación Relacional los estudiantes son también los árbitros de su aprendizaje. Su elección invocará pensamiento crítico, toma de decisiones, reflexión y acción[64].

Durante las últimas seis décadas, los académicos han investigado y han llegado a la conclusión de que el mejor abordaje educativo es el uno a uno[65]. La metodología educativa debe adaptarse a los estudiantes y permitirles trabajar con su propio **ritmo de aprendizaje único**. La autonomía de aprendizaje es un principio básico para motivarlos para que, de manera independiente, busquen información, desarrollen conjuntos de habilidades que pueden aplicar en todo su aprendizaje autogestionado, generen una capacidad innata de enfrentar tareas, sean responsables de sus propios aprendizajes y determinen qué dirección tomarán[66].

La Educación Relacional apoya el área de conocimiento construida por la teoría del aprendizaje significativo[67] del investigador educativo Dr. David Ausubel y las muy conocidas investigaciones sobre aprendizaje a partir de la experiencia y la evaluación de los doctores Robert Marzano, Debra Pickering y Jane Pollock[68]. La Educación Relacional revela la capacidad del individuo de aprender y captar el mundo usando sus propias habilidades.

~ EL PRECISO PROCESO PARA DESARROLLAR AUTONOMÍA DE APRENDIZAJE ~

Desarrollar autonomía de aprendizaje significa desarrollar múltiples habilidades a través de un proceso preciso de desarrollo de habilidades. La adquisición de habilidades es la acción que convierte conocimiento declarativo explícito en conocimiento procedimental implícito. El primero es el proceso de aprender una habilidad, donde uno recita, paso a paso, qué hacer. El segundo es el proceso de juntar las partes aprendidas y hacer de la habilidad una acción automática, o un hábito.

Dos psicólogos de la Universidad de Michigan, los doctores Paul Fitts y Mike Posner[69], definieron las tres etapas de la adquisición de habilidades que describimos a continuación. Aunque su estudio se relaciona con el desempeño humano físico, hemos encontrado que también se aplica a la inteligencia biológica, como exploraremos en detalle más adelante en este capítulo.

1. **Etapa cognitiva.** Esta es la etapa declarativa explícita en la que el aprendizaje ocurre en el lóbulo frontal derecho leyendo, pensando, procesando información y así sucesivamente. Una vez que el estudiante entiende el propósito de aprender la habilidad, estará motivado para practicar las actividades de manera consciente y deliberada. Esta etapa requiere atención y enfocarse en desempeñar cada parte de la tarea, porque la práctica deliberada puede empujar al estudiante más allá de su zona de confort.

Para desarrollar autonomía de aprendizaje, el primer paso es cultivar las capacidades adecuadas de establecer metas y planear. Los estudiantes aprenden a ser específicos sobre sus objetivos, a fijar metas medibles y logrables y a planear tareas precisas para llegar a cada objetivo. Luego, lo practican constantemente, observando su desempeño y corrigiendo el rumbo cada vez que sea necesario, con el apoyo de educadores. El segundo paso es explorar el conocimiento previo para fomentar las conexiones neuronales apropiadas en el cerebro: "las células que se disparan juntas permanecerán conectadas". El tercer paso en esta etapa cognitiva es investigar el nuevo conocimiento y procesar lo que debe ser aprendido. El propósito claro de encontrar información específica es que luego ayuda al estudiante a enfocar en el tema y a traducir el nuevo conocimiento a un idioma práctico que pueda entender.

2. **Etapa asociativa.** Esta etapa se trata de la práctica deliberada del nuevo conocimiento. El estudiante puede necesitar ayuda revisitando la investigación para completar las actividades. Siguiendo con el ejemplo anterior, los estudiantes verán una mejora significativa en establecer metas y planear durante unos días y luego se estancarán. Los educadores evaluarán entonces las potenciales áreas de mejora y retroalimentarán a los estudiantes para su desarrollo continuo hasta que logren el dominio de cada habilidad. En la etapa asociativa, los educadores los ayudan a "afinar" pequeñas cosas para mejorar la habilidad a través de su retroalimentación, y los estudiantes lentamente eliminan los errores.

Esta repetición con retroalimentación logra la excelencia. Después de décadas de observar a nadadores olímpicos, el

Dr. Daniel Chambliss, profesor de sociología en Hamilton College, juntó datos que mostraban que "hacer algo consistente y correctamente producirá excelencia", como escribió en "La mundanidad de la excelencia". No es más "que un acto mundano. Los logros humanos más deslumbrantes son un agregado de incontables elementos individuales, donde cada uno de ellos es, esencialmente, simple"[70]. Un estudiante debe estar cómodo practicando una habilidad, equivocándose y haciéndolo repetidamente hasta que cada etapa se hace sin fallas según sus propios estándares. La excelencia, entonces, es una serie de éxitos practicados sistemáticamente. La disciplina es tener la consistencia de practicar algo cada día hasta que se logra su dominio. La disciplina pesa gramos, el arrepentimiento pesa toneladas. Michael Phelps no ganó 23 medallas de oro olímpicas en su carrera como nadador tan solo porque lo quería, sino porque tuvo la disciplina de practicar y mejorar un poco cada día, logrando así la excelencia.

En esta etapa, el papel del educador es crucial. El Dr. Anders Ericsson, de la Universidad del Estado de la Florida, encontró en sus investigaciones que la retroalimentación inmediata es la acción más crítica para guiar la práctica hacia el dominio. El deseo y el trabajo duro solos no llevarán a un mejor desempeño. Solo guiarán hacia la mejora y al dominio la práctica adecuada y deliberada desarrollados en el tiempo y con la retroalimentación apropiada. Práctica deliberada significa fijar metas que se extienden, evaluar resultados y encontrar maneras de mejorar. A medida que mejora el desempeño de los estudiantes, mejora también su autoeficacia y su confianza en la habilidad. Esto, a su vez, lleva al aumento de su motivación intrínseca.

Hay tres pasos importantes en el desarrollo de la autonomía del aprendizaje en esta etapa. El primer paso es la práctica, donde los estudiantes internalizan lo que han aprendido a través de ejercicios, juegos, proyectos, ensayos, videos y así sucesivamente. El segundo paso es relacionar el nuevo conocimiento a sus vidas. Todo lo que aprendan tiene una aplicabilidad real, y ellos mismos deben poder darle uso. El tercer paso es la autoevaluación continua, donde los estudiantes reflexionan respecto de su razonamiento y acciones y usan las conclusiones para mejorarse a sí mismos. Esta autoevaluación, o proceso de metacognición, se hace en los tres pasos, como retroalimentación personal sobre el progreso del estudiante.

3. **Etapa autónoma.** En esta etapa, el estudiante puede ejecutar una habilidad sin esfuerzo. La habilidad ya está "grabada" en el cerebro; forma parte del estudiante como un hábito. Es probablemente en la etapa que estás al conducir un auto o andar en bicicleta: no *piensas* sobre cómo conducir el auto o montar la bicicleta. Lo haces porque *sabes* que puedes hacerlo. De hecho, pensar en ello puede inhibir tu capacidad de desempeñar la habilidad. Cuando el estudiante llega a esta etapa en el desarrollo de las habilidades para ser autónomo, muchas acciones se le hacen innatas: encontrar sentido en lo que aprende, saber de qué es capaz, fijar metas logrables y desafiantes, desarrollar estrategias para lograr esas metas, seguir un proceso de aprendizaje específico para aprender cualquier cosa con un propósito, autoevaluar su progreso y aplicar lo aprendido a su vida. De esto se trata el aprendizaje para toda la vida. En esta era de cambio permanente, la mejor habilidad que podemos ayudar a desarrollar en nuestros

estudiantes es la capacidad de transformarse a sí mismos a un ritmo consistente con el mundo.

Cuando se aplica sistemáticamente, la Educación Relacional utiliza la mecánica natural del cerebro para que ocurra el aprendizaje. Con este sistema, tú ayudas a tus estudiantes a desarrollar motivación intrínseca y a descubrir qué hace que su contribución al mundo sea única y valiosa. La práctica continua traerá excelencia. Ellos creerán tanto en sí mismos que sabrán que podrán lograr lo que deseen.

El primer paso es que los educadores apoyen a los estudiantes en un camino de autodescubrimiento para que desarrollen su motivación intrínseca. El paso siguiente es que los educadores nutran el aprendizaje autónomo al guiarlos en el desarrollo de su propio potencial. La educación debe enfocarse en el desarrollo humano y no en el currículo y el contenido. Nuestro argumento es que debemos desplazar el uso del currículo y del contenido a segundo plano para permitir el logro humano.

Imagina que tienes a todos tus estudiantes entusiasmados por aprender, listos para explorar el próximo tema, listos para encontrar sentido y valor en lo que están aprendiendo y viendo claramente el nexo entre lo que están aprendiendo y sus vidas. ¿No sería fantástico? ¿El sueño del maestro hecho realidad? Desafortunadamente, esto no es lo que está ocurriendo en la mayoría de las aulas. Los estudiantes están más desafectados y distraídos que nunca. Piensan más de 70.000 pensamientos por día, pero muy probablemente no están relacionados en nada con lo que les hayas enseñado en los últimos dos minutos.

¿Cómo conectar plenamente a tus estudiantes? Estás a punto de descubrir cómo miles de educadores están usando el poder interior para romper con sus distracciones y sus dificultades para aprender. El primer paso es entender cómo funciona el sistema de aprendizaje del cerebro, como hicimos en el Capítulo 5. Cuando los estudiantes aprenden algo que los entusiasma, sus cerebros liberan la cantidad adecuada de dopamina y endorfinas, lo que crea un vínculo fuerte entre las neuronas de sus cerebros. ¡Han aprendido algo que es valioso para ellos!

Como recordarás de capítulos anteriores, cuando los estudiantes están estresados por el próximo examen o aburridos porque algo no tiene sentido para ellos, sus cerebros liberan epinefrina, que es el neurotransmisor de "lucha o huida" relacionado con el estrés. Esto los lleva a desconectarse. Esta es la reacción típica cuando les pedimos que memoricen y regurgiten información. Están subutilizando sus cerebros y no están encontrando significado ni valor en el tema. La ciencia muestra: cuanto mayor entusiasmo con nuevo conocimiento, más fuertes son las conexiones neuronales. Como en la famosa cita de Hebb: "las células que se disparan juntas permanecerán conectadas".

Un ejemplo para ilustrar lo fácil que es entender un tema nuevo usando conocimiento previo. Supongamos que sabes muy poco sobre inteligencia artificial. Si te quiero explicar cómo funciona, haría algo así: la IA te proporciona un resultado específico después de analizar datos a través de algoritmos, que son procesamientos con un número finito de pasos que frecuentemente involucran la repetición de una operación. Es como hacer una torta: los datos son tus ingredientes y el algoritmo es tu receta. Sigue la receta con los ingredientes necesarios—o, en el caso de la IA, ejecuta el algoritmo usando los datos—y tendrás una torta deliciosa. Ahora, la próxima vez que alguien te pida definir la inteligencia artificial, puedes explicarlo con la metáfora de hacer una torta. Aprendiste este concepto nuevo rápidamente porque lo vinculamos con una red neuronal que ya tienes.

El secreto para activar el aprendizaje es usar la estrategia correcta para estimular los neurotransmisores correctos. ¿Por qué es importante? Tenemos más de 70.000 pensamientos por día. Alrededor de 90% de ellos son sobre el pasado, lo que nos lleva a las mismas elecciones, comportamientos y emociones que experimentamos en el pasado[71]. Si los dejamos solos, la probabilidad de que estos pensamientos se vuelvan malos hábitos es bastante alta, especialmente cuando no hay una estimulación adecuada del cerebro. La única manera de cambiar esto es aprender algo nuevo que nos dé una perspectiva nueva. Entonces podemos realizar una acción con un objetivo específico en mente y trabajar hasta lograr ese objetivo. Cuando lo hacemos, crecen al mismo tiempo nuestras habilidades cognitivas y socioemocionales.

Por cierto, esto explica también por qué es inútil suspender a un estudiante de la escuela. El castigo no mejorará sus decisiones, comportamientos y emociones. Sí lo hará ayudarlo a aprender algo que lo entusiasme. Lo que hemos descubierto es que la Educación Relacional les despierta entusiasmo para estudiar el currículo requerido.

Así que concluyamos la neurociencia del aprendizaje. El cerebro es la herramienta más poderosa del universo. Nos "habla" todo el tiempo, guiando nuestras acciones sin que lo pensemos, muchas veces utilizando hábitos. Esta es la razón por la cual puedes montar una bicicleta, aunque no lo hayas hecho por años. Como educadores, nuestro objetivo es ayudar a que los estudiantes fomenten su desarrollo cognitivo y socioemocional y que usen sus cerebros sabiamente creando hábitos sobresalientes.

Ahora entiendes que tus estudiantes ya tienen lo que hace falta: un cerebro.

~ RECORDATORIO: LA IMPORTANCIA DE LOS HÁBITOS ~

En lo que se ha llamado la Era del Conocimiento, el uso efectivo de nuestro cerebro es la mina de oro del siglo XXI. El cerebro realmente ama los hábitos, pero no diferencia entre los buenos y los malos. Los ama porque un hábito utiliza menos energía mental, al reducir la cantidad de decisiones que debe tomar en cada momento. Los hábitos son una herramienta de preservación que nos sirve desde hace milenios. Para los estudiantes, los buenos hábitos son un aliado clave para el éxito, mientras que los malos hábitos son un obstáculo para poder expresar todo su potencial. Para producir resultados de aprendizaje efectivos debemos crear hábitos de aprendizaje sobresalientes.

~ PRIMEROS PASOS DE LA EDUCACIÓN RELACIONAL ~

Ahora puedes aprender los seis pasos de la Educación Relacional y entender cómo permite a tus estudiantes aprender efectivamente a partir de mañana mismo. ¡Tan solo construye tus temas (guías o unidades de estudio) usando el sistema y verás a sus cerebros en acción! Los maestros usan este marco para descomponer el proceso de aprendizaje. Los estudiantes se darán cuenta de que, con este sistema, pueden aprender cualquier cosa, y comenzarán a reconocer oportunidades para dominar una nueva habilidad y formar buenos hábitos. Una vez que ellos comienzan a usar la Educación Relacional, los resultados sobresalientes se convierten en una consecuencia predecible.

Estos son los seis pasos del Sistema de Educación Relacional:

1. Establecer metas y planear.

2. Explorar.

3. Investigar.

4. Practicar.

5. Relacionar.

6. Autoevaluar.

Ahora exploremos en profundidad cada uno de ellos.

PASO 1: ESTABLECER METAS Y PLANEAR

¿Has notado que cada vez que quieres hacer algo grande te armas un plan específico? Los primeros pasos para activar el aprendizaje son los de establecer metas adecuadas y planificarlas. Cuando fijan sus metas, los estudiantes aprenden a ser específicos, a elegir métricas logrables y medibles y a planear tareas precisas para alcanzar cada meta. Luego practican repetidamente, observando su propio desempeño, y corrigen su curso cada vez que sea necesario, todo con el apoyo de los educadores.

Esto es importante, porque la planeación diaria específica desarrolla capacidades de establecer metas, efectividad de trabajo, toma de decisiones a través de la priorización, responsabilidad y capacidad de rendir cuentas. La planeación mejora la autorregulación del desempeño y la autogestión de las acciones específicas necesarias para lograr metas específicas. Todas estas habilidades se traducen en perseverancia y, por lo tanto, en autonomía.

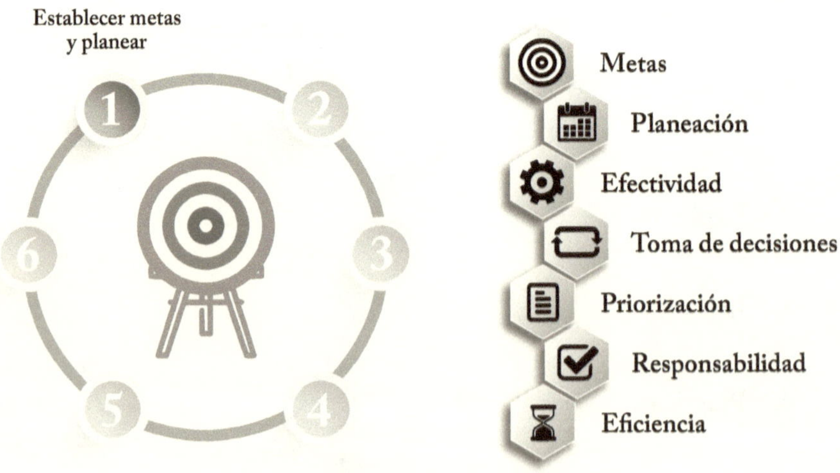

Figura 9.1. Paso de establecer metas y planear
y las habilidades desarrolladas.

Hacer que los estudiantes fijen metas y planeen los fuerza a manifestar una intención. Las investigaciones muestran que manifestar intenciones claras y objetivos logrables aumenta entre dos y tres veces la probabilidad de lograrlos[72].

Por ejemplo, digamos que quieres ser un corredor. Si dices "quiero ser un corredor", sin un plan específico, puede que te tome un tiempo que ocurra, si es que ocurre. Pero tus chances de lograr tu objetivo de correr serán entre dos y tres veces mayor si, en cambio, dices: "comenzaré por caminar enérgicamente 30 minutos todas las mañanas a las 6 durante una semana. La semana siguiente, cada mañana a las 6 alternaré un minuto corriendo y cinco caminando. En las semanas siguientes, iré aumentando mis minutos corriendo hasta que pueda correr por 30 minutos. Entonces fijaré nuevas metas y un nuevo plan".

La magia ocurre cuando hacemos algo con un plan. Cuantas más horas practicas algo, mejor serás ejecutándolo. La consistencia pasa por comenzar algo y terminarlo. Metas razonables, de a un bocado, te ayudarán a perseverar. Cada acción que tomes reforzará tu visión de la persona que quieres ser. Por lo tanto, aunque establecer metas y planear parezcan muy simples, tienen un impacto profundo en la vida del estudiante. El objetivo ya no es correr una maratón sino convertirte en un corredor. El objetivo ya no es aprender un tema sino usar el conocimiento con un sentido y un propósito alineados a los objetivos de vida del estudiante. Esto lleva a una liberación sustancial de dopamina en el cerebro producida por la expectativa de un resultado deseable.

El proceso es igual para niños pequeños que todavía no saben leer y escribir. En vez de escribir sus metas diarias, las dibujan. ¡Los niños más pequeños son artistas naturales! Los estudiantes entienden de qué son capaces y perseguirán los objetivos que se fijen. Imagina si tú y yo hubiéramos tenido la oportunidad de aprender este proceso en la escuela. Quizás seguiríamos la dieta hasta el fin o haríamos ejercicio más a menudo, sin dar excusas flojas como "el trabajo ha estado exigiendo mucho" o "no tengo tiempo". ¿Te suena conocido?

A medida que ganan en autonomía, los estudiantes comienzan a planificar sus semanas, sus meses, sus años y, con el tiempo, sus vidas. ¿Recuerdas el plan de Jonathan de completar un grado entero en ocho meses? ¿O la decisión de Katie y Maria de estudiar música en Londres? Es la realización del primer paso. La planeación y la fijación de metas desarrollan motivación intrínseca porque los estudiantes descubren cuánto pueden desafiarse y cuán lejos pueden llegar. Es como navegar: aunque el viento vaya en una dirección, la marinera puede ir donde quiera porque ella sabe cómo posicionar su vela. Más allá de las circunstancias, al entender el proceso y realizar la planeación adecuada, la marinera llegará a su destino.

Los estudiantes aprenden a visualizar en el presente las recompensas futuras porque esas recompensas están alineadas con sus objetivos personales. Ellos disfrutan de la experiencia de aprendizaje cuando encuentran sentido y propósito en las tareas por delante porque entienden que son capaces de hacer lo que se han propuesto. Para empezar con este paso, simplemente comparte con ellos las actividades en las que trabajarán durante el día y permite que ellos decidan como grupo cuándo hacerlo. Luego, después de una o dos semanas de práctica, pasa a que cada estudiante fije su propia meta personal, independientemente de los demás.

En la Educación Relacional, tus estudiantes planean, no tú. Cuanto más "delegues" esas tareas y permitas que los estudiantes tomen sus propias decisiones, más comprometidos y motivados estarán y más los estarás preparando para la vida. Tu trabajo pasa a ser guiarlos para que alcancen los objetivos que se fijaron para sí mismos. Con una práctica continua por más de 10.000 horas, verás el valor de este primer paso para ti y para tus estudiantes.

PASO 2: EXPLORAR

Este paso es muy simple y al mismo tiempo muy poderoso, y es la diferencia más significativa entre el maestro común y el efectivo. En este paso, pide a tus estudiantes que reflexionen sobre el tema y que compartan su conocimiento previo. Las experiencias personales, la vida cotidiana, las expectativas, preguntas, dudas y la curiosidad pasan a ser el punto de partida para esta exploración.

Animar a tus estudiantes a explorar les ayuda a conectar el conocimiento previo con el nuevo, además de acelerar considerablemente el aprendizaje. Como decía Hebb: "las células que se disparan juntas permanecerán conectadas". Este segundo paso desarrolla la capacidad del estudiante para encontrar sentido, identificar propósito, desarrollar autoconciencia y explorar el conocimiento previo.

A Marco, de 13 años, nunca se le había dado por la biología, pero un día estaba entusiasmado en explicarme cómo funciona el sistema digestivo, comparándolo con los autos, que realmente lo apasionan: la comida es combustible, el motor es el sistema digestivo y así sucesivamente. Ama los autos y explora todas sus características cada vez que puede. ¡Sin duda entendió el tema a fondo vinculando el nuevo conocimiento con lo que ya sabía de autos!

Esto es lo que distingue tanto a la Educación Relacional: como educador, le pides al estudiante que empiece desde su práctica y conocimiento actuales y no desde un lugar totalmente nuevo, lo que requiere que formen conexiones neuronales completamente nuevas. Tus estudiantes son como semillas: lo que tengan dentro es lo que crecerá. Una semilla de manzana solo te puede dar manzanas y una semilla de naranjas solo te puede dar naranjas. Si intentas que crezcan manzanas desde una semilla de naranja, fracasarás.

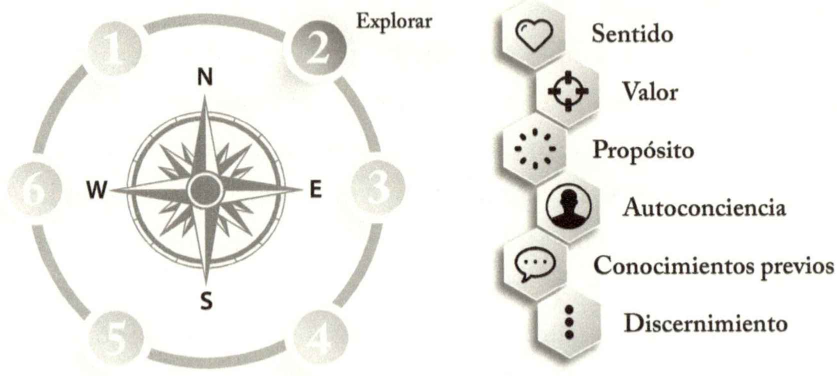

Figura 9.2. Paso Explorar y las habilidades que desarrolla.

¿Cómo comenzar desde una semilla existente? Los estudiantes pueden responder a una pregunta contextualizada o hipotetizar respecto de lo que aprenderán y lograrán en el tema. Por ejemplo, digamos que estás enseñando historia de la música. Algunas preguntas exploratorias típicas serían: ¿Cuál es tu género musical favorito? ¿Quién lo empezó? ¿Por qué? ¿Puedes asociar un cantante o una banda a cada estilo? Es posible que al principio obtengas la respuesta típica: "no sé". ¡Pero con práctica ellos se darán cuenta de que saben mucho y que solo tienen que conectar los puntos! A partir de allí la curiosidad florecerá porque los estudiantes alinean sus experiencias personales con lo que están aprendiendo.

PASO 3: INVESTIGAR

A Anna, de 14 años, nunca le gustó leer. Le gustaba más la música; el rap, para ser más precisos. Cuando llegaba el momento de leer, giraba sus ojos y apoyaba su cabeza sobre el escritorio, completamente desmotivada.

Cuando sus maestros le dijeron que podía usar el rap para investigar temas de la escuela no supo cómo lo haría, pero la idea le encantó. Su maestra la ayudó a explorar cómo podría hacerlo. Poco a poco, Anna encontró en la música que ama la respuesta al aprendizaje. Hasta empezó a componer sus propios raps para resumir lo que había aprendido.

En este paso tus estudiantes investigan nueva información sobre el tema a través de una variedad de recursos, desde libros impresos e informes, audiolibros, videos, entrevistas . . . ¡y hasta rap! Investigar nueva información lleva al desarrollo de una base de conocimiento personal que puede ser reflejada en un cuadro organizador o en un mapa conceptual que pueden crear los estudiantes. (Ver Capítulo 11).

La investigación de los estudiantes es muy simple y al mismo tiempo muy poderosa. Si los maestros proporcionan todas las respuestas, quedan condicionados a esperar siempre que alguien más sepa las cosas y a querer una solución inmediata para todos sus problemas. Si se los condiciona así durante toda su escolarización se convertirán en expertos en esperar respuestas de alguien más, sea su empleador, un familiar o el gobierno. Estas expectativas pueden hacer que se den por vencidos rápidamente cuando encontrar una respuesta requiere demasiado esfuerzo, y puede llevar a berrinches de adulto y a concluir que la vida es injusta.

Cuando desarrollan habilidades de investigación, los estudiantes también se familiarizan con el proceso de indagación y desarrollan pensamiento crítico, lectura, comprensión y discernimiento. ¡Alabada sea la práctica continua de 10.000 horas! Sobre todo, cuando hace su propia investigación, el estudiante descubre que el conocimiento está ahí para ser explorado. Decenas de miles de estudiantes con quienes trabajamos nos contaron que ese paso es el que más disfrutan porque pone a sus cerebros en acción.

Para comenzar en este paso, proporciona a los estudiantes recursos que utilizarán para aprender más sobre el tema específico. Dales lo que tengas disponible: libros de texto, artículos, una página web, un video, una revista, entre otros. Luego proporciona un esquema que puedan usar para sintetizar la información que encuentren. Más adelante, aprenderás a personalizar la experiencia de aprendizaje de tus estudiantes con estrategias específicas que les permitirán encontrar sus propios recursos.

Figura 9.3. Paso investigar y las habilidades desarrolladas.

Hasta aquí hemos cubierto mucho. Definitivamente no tienes que empezar con todo. Puedes dar un pasito a la vez y comenzar a introducir estas prácticas, para que sientas confianza de que estás dando los pasos correctos.

~ APRENDIZAJE COGNITIVO Y SOCIOEMOCIONAL EN SIMBIOSIS ~

¿Has notado que los estudiantes aprenden contenido mientras desarrollan habilidades cognitivas y socioemocionales críticas? Están intrínsecamente relacionadas, y los estudiantes las practicarán con la Educación Relacional.

A continuación, un rápido resumen:

Paso 1. Establecer metas y planear ayudan a los estudiantes a desarrollar:

- Capacidades de establecer metas, cuando fijan metas diariamente con precisión y con métricas claras;

- Habilidades de planear, al poder distribuir tareas a lo largo del día;

- Organización, al identificar los recursos necesarios para ejecutar un plan;

- Efectividad del trabajo, al realizar las actividades;

- Toma de decisiones a través de la priorización, al tener acceso al panorama completo de todo lo que hay que hacer y, por lo tanto, priorizar y decidir qué hacer y cuándo;

- Responsabilidad, al estar ahora a cargo de lograr aquello a lo que se han comprometido;

- Rendición de cuentas, al saber que pueden cumplir con las actividades planeadas en un tiempo determinado;

- Autorregulación, porque se comprometen con ciertos entregables en un tiempo determinado;

- Habilidades de autogestión, al ser conscientes de la tarea que deben cumplir alineada con el período de tiempo que se fijaron a sí mismos;

- Autoestima, al comprender que son capaces de cumplir con lo que se propusieron;

- Y autonomía, al hacerse dueños de su proceso de aprendizaje.

Paso 2. Explorar desarrolla la capacidad de cada estudiante de:

- Encontrar sentido y valor en lo que están aprendiendo, al conectar el conocimiento previo con este nuevo conocimiento;

- Identificar el propósito del conocimiento, al añadir nuevo conocimiento a lo que ya saben;

- Desarrollar autoconciencia, al explorar el conocimiento previo; y

- Explorar conocimiento pasado y descubrir que saben más de lo que creen.

Paso 3. Investigar ayuda a los estudiantes a desarrollar:

- Habilidades de indagación, cuando aprenden a hacer preguntas para adquirir los recursos adecuados;

- Pensamiento crítico, al estar permanentemente evaluando si la nueva información que encuentran tiene sentido;

- Lectura y comprensión, porque leen y registran sus conclusiones en un cuadro organizador o mapa conceptual;

- Discernimiento, al tener que aprender a evaluar la confiabilidad de distintos recursos de investigación; y

- La capacidad de identificar recursos útiles, ya que con el tiempo encontrarán sus propios recursos además de los provistos por los maestros.

Pedro fue diagnosticado con discapacidades de aprendizaje desde el día que nació. Su madre tuvo una complicación en el parto que privó de oxígeno al cerebro del bebé por un par de minutos. Al crecer, el niño era altamente dependiente de su madre y hermana para vestirse, comer, ir a la escuela, hacer su tarea y así sucesivamente. Pedro asiste a una escuela "normal", ya que donde vivía no había escuelas que ofrecieran programas de educación especial. Comenzamos a trabajar con su escuela cuando Pedro cursaba el 6º grado. Estaba atrasado en su desarrollo cognitivo y solo podía completar alrededor de 20% del currículo anual. Su interés era entre mínimo y nulo.

Al aprender y utilizar la Educación Relacional, los maestros de Pedro lentamente cambiaron el foco desde el currículo hacia el proceso de aprendizaje. Pedro comenzó a aprender a planear, a explorar su conocimiento anterior, a investigar y a entender lo que estaba leyendo. A Pedro le tomó unos dos años de práctica usar estos pasos para crear un hábito de proceso de aprendizaje, mientras que a sus compañeros les tomó apenas unos tres meses. Sin embargo, los maestros de Pedro respetaron su ritmo de aprendizaje individual. Hoy, Pedro aprende de manera autónoma, con mínima intervención de sus maestros. Es más social, porque ahora es más consciente de sus capacidades y ya no se compara con los demás. Su madre está inundada de felicidad porque su hijo llega de la escuela con toda la tarea completada. Hasta ayuda con las tareas hogareñas y ya no necesita que su madre y su hermana lo ayuden a vestirse, a comer u otras cosas. Claramente, Pedro es capaz de ser exitoso en la vida, más allá de cómo haya sido etiquetado en el pasado. "Ahora soy independiente", dijo Pedro a los 16 años.

~ TRAMPAS A EVITAR ~

Como mencioné anteriormente, mi organización trabaja con miles de maestros cada año. Hemos tenido la oportunidad de ver de primera mano algunas historias de éxito impresionantes de maestros promedio que pasaron de tener dificultades para ayudar a un solo estudiante a ser exitosos en lograr progresos significativos con todos sus estudiantes. Y hemos visto lo que impide a otros maestros ayudar a sus estudiantes a lograr el nivel de éxito que quieren. Quiero comentarte de estas trampas para que no te empantanes en ellas.

1. Concluir que tus estudiantes no pueden completar estos pasos porque no ves resultados en el corto plazo.

    Las primeras veces que tus estudiantes planean y establecen metas, exploran conocimiento previo y hacen su propia investigación, pueden necesitar un apoyo significativo de tu parte. Evita concluir que no son capaces de completar los pasos, ya sea porque son muy pequeños o porque no ves esfuerzo de su parte. Recuerda que esto es nuevo para ellos y que, con práctica, el proceso será natural. Cuanto más chicos sean al aprender estos pasos, mejor. Si no saben aún leer y escribir, pueden planear, explorar e investigar con dibujos. ¿Recuerdas cuando aprendiste a andar en bicicleta? ¡Es el mismo concepto! ¿*Sabes* que puedes andar en bicicleta o *piensas* que puedes?

    Permite que tus estudiantes practiquen estas habilidades todos los días y con el tiempo verás los resultados. Recuerda que los estudiantes son diferentes, que algunos aprenderán más rápido que otros, pero todos pueden hacerlo. Créeme: eso es lo que vemos mi equipo y yo en nuestro trabajo con miles de maestros.

2. Creer que solo puedes dar atención personal a tus estudiantes si trabajas con un grupo pequeño.

   Puedes pensar que solo puedes darle atención a cada estudiante si trabajas con un grupo pequeño. Esto es cierto si insistes en usar las mismas prácticas tradicionales de enseñanza en clase. Con la Educación Relacional comienzas trabajando con ellos como grupo hasta que entiendan cómo funciona cada paso, y luego los verás tomando la iniciativa de seguir los pasos por ellos mismos. Desarrollarán el hábito de seguir estos pasos para aprender cualquier cosa. Tu papel comenzará a pasar de enseñar a orientar, y podrás darle a cada uno una atención personal. Los estudiantes estarán en distintas etapas de aprendizaje a lo largo del día. Algunos necesitarán tu apoyo y otros trabajarán por su cuenta. Esto significa que cada día deberás guiar a algunos de tus estudiantes, pero no a todos a la vez.

3. Definir que tus períodos de clase son demasiado cortos para usar la Educación Relacional.

   Tu clase dura 50 minutos y en ese período debes entregar un contenido específico. Te puede parecer que no tienes suficiente tiempo para cubrir todo el contenido, mucho menos permitir que tus estudiantes transiten en la Educación Relacional. Pero puedes lograr todo lo que tú y tus estudiantes necesitan en el tiempo disponible. Solo hace falta practicar.

   ¿Recuerdas la primera vez que cocinaste una comida? Era abrumador tener que medir la cantidad de cada ingrediente y asegurarse de que nada estuviera quemándose mientras chequeabas tres veces la receta. Pero después de practicar un poco, probablemente puedes cocinar sin siquiera pensar en ello.

Tus estudiantes tendrán la misma experiencia. Después de que practiquen planear, explorar e investigar constantemente, a la larga ya ni necesitarán consultarte. Experimentarás de primera mano cómo se desarrolla su autonomía. En 50 minutos tú y ellos harán más de lo que jamás imaginaste. Para darte una idea, el 37% de los estudiantes aprendiendo bajo la Educación Relacional terminan un grado completo en siete meses. ¡Aprenden tan rápido que los educadores tienen que aumentar el contenido y las actividades!

4. Los estudiantes que tienen dificultades en una materia no pueden tomar decisiones sobre su aprendizaje.

Cuando a los estudiantes les cuesta una materia podrías tentarte de intervenir y hacerte cargo de sus procesos de aprendizaje en lugar de que sigan los seis pasos de la Educación Relacional. No lo hagas. Dejar que sigan trabajando ante dificultades puede estar fuera de tu zona de confort, pero te aseguro que puedes hacerlo. ¡Vimos esto con miles de maestros!

Y en cuanto a la dificultad de los estudiantes con tu materia, hemos visto que, debido a las brechas de aprendizaje de tantos años, a ellos no les interesa explorar algo que no han entendido completamente o en lo que se les ha dicho que no son buenos. Recuerda: ¡nadie nace con un disgusto por la matemática, las ciencias sociales o cualquier otra cosa! Aprenden a que no les guste porque no ven el sentido o valor para sus vidas. Si los ayudas a encontrar sentido y valor en lo que aprenden, disfrutarán la experiencia. La Educación Relacional está diseñada para esto. Cada paso hará que tus estudiantes estén más cerca de ver el valor de lo que están aprendiendo. Cuando los estudiantes se conecten completamente con tu área, tus frustraciones se habrán ido hace rato.

Ricardo, un profesor de ciencias, reflexionaba sobre lo habitual que es no prestarle atención a la pasión de los estudiantes. Antes de usar la Educación Relacional, él creía que enseñar se reducía a proporcionar material de lectura y asegurarse de que los estudiantes transcribieran la información en sus cuadernos. Ahora entiende que, cuando usan sus talentos para demostrar conocimiento, realmente poseen los conceptos de cualquier materia.

En un tema, dos estudiantes de Ricardo, Laura y Julián, aprendieron cómo ser responsables con el ambiente al explorar la agricultura. Laura y Julián armaron un comic para explicar los conceptos que habían aprendido. Laura es muy buena contando historias y Julián expresa su creatividad con dibujos y colores. ¡Sin duda que ambos comprendieron los conceptos!

Cuando los estudiantes pasan por cada paso de aprendizaje por ellos mismos, la motivación para aprender se hace intrínseca y personal. Es un proceso que estimula los neurotransmisores adecuados y que, por lo tanto, aumenta la probabilidad de conexiones neuronales fuertemente vinculadas.

Para sorpresa de Ricardo, el proceso creativo siguió mucho tiempo después de terminado el tema. Laura y Julián invitaron a otros niños de la escuela, crearon sus propios disfraces con material descartable y actuaron el comic, y todo quedó registrado para la posteridad. Con lágrimas en los ojos, Ricardo dijo: "ni me puedo imaginar lo que se habrán divertido, lo que se habrán reído en cada ensayo . . . Me recuerda a mi propia niñez. Mis estudiantes usaron sus talentos como excusa para demostrar conocimiento. Espero que otros estudiantes puedan hacer lo mismo".

CAPÍTULO 10

CÓMO ALIMENTAR AL GENIO INTERIOR

"Si vas a dudar de algo, duda de tus propios límites".

~Don Ward

¿Recuerdas a Brian, el estudiante diagnosticado con TDAH y dislexia? ¿Qué sería de la vida de Brian si sus maestros no hubieran podido acceder a su potencial? Brian tuvo suerte de asistir a una escuela que usaba la Educación Relacional. Pero muchísima gente en el mundo todavía está viviendo y muriendo sin que su potencial se haga realidad. Brian ahora entiende que el poder de su éxito está en sus manos. Él ya no cree que tenga limitaciones en el aprendizaje.

La genialidad de tus estudiantes espera ser encendida. Comienza con *tu* creencia en que los estudiantes ya tienen lo que necesitan: un cerebro. Con ese cerebro, pueden alcanzar el 100% de su potencial. Y aprender es lo que todos necesitan para tomar buenas decisiones, tener buen comportamiento y experimentar emociones saludables permanentemente.

Los próximos pasos de la Educación Relacional consolidan el aprendizaje cognitivo y socioemocional mientras los estudiantes internalizan un tema específico. ¿Listos?

~ CONTINUANDO CON LA EDUCACIÓN RELACIONAL ~

PASO 4: PRACTICAR

Este es el proceso de internalizar lo que ha sido aprendido. En este paso, activas la capacidad del estudiante de transformar o mejorar el conocimiento previo identificado en el segundo paso. Esta etapa incluye actividades planeadas por ti o sugeridas por los estudiantes, a medida que ganan autonomía de aprendizaje. Ejemplos de actividades: ejercicios, juegos, proyectos en grupo, ensayos, producir videos y escribir canciones.

Los modelos de educación tradicional saltan casi directamente a este paso, después de exponer brevemente a los estudiantes a la teoría de la materia a través de una lección. Cuando eso ocurre, la posibilidad de que el cerebro de un estudiante libere dopamina y serotonina para que lo aprendido perdure es casi cero, porque los estudiantes no pueden identificar el sentido y el valor del contenido para ellos. No han conectado este nuevo conocimiento con su conocimiento anterior.

Cuando los estudiantes ejecutan los pasos de la Educación Relacional ellos mismos, desarrollan una motivación intrínseca y personal para aprender. Ese proceso estimula los neurotransmisores adecuados y, por lo tanto, aumenta la probabilidad de conexiones neuronales fuertemente vinculadas.

El paso de practicar fomenta la creatividad, la colaboración, el liderazgo y el aprendizaje basado en proyectos a través de actividades que acuerdes con tus estudiantes. En la medida en que los estudiantes aumentan su autonomía para moverse en los pasos 1–4, sus cerebros se acostumbran a este punto dulce de niveles de neurotransmisores que les permite aprender con efectividad.

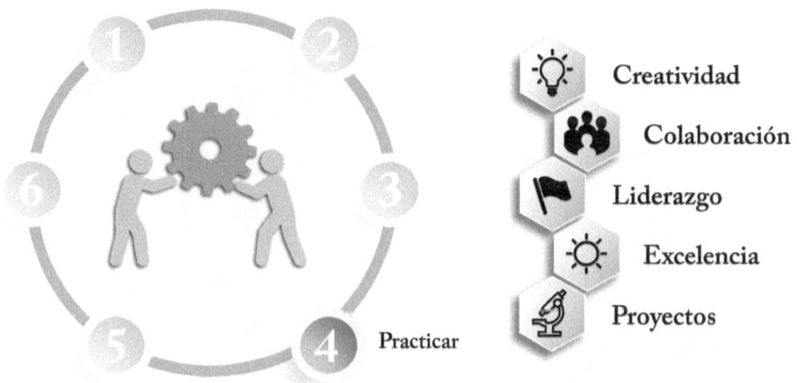

Figura 10. Paso Practicar y las habilidades desarrolladas.

PASO 5: RELACIONAR

En este paso los estudiantes se dan cuenta del verdadero propósito y sentido del tema al relacionar lo que han aprendido con sus propias vidas a través de actividades específicas y de reflexión. ¡Es muy simple pero muy importante! Le puedes decir mil veces por qué crees que es importante que aprendan algo y pueden recordar la información para un examen. Pero salvo que los estudiantes identifiquen el uso de este conocimiento por sí mismos, simplemente no van a aprender. Las conexiones neuronales serán simplemente demasiado débiles.

Es como tratar de describir cómo es correr una maratón. Podrías llegar a hacerlo porque has leído un libro o visto un video. Sin embargo, salvo que tengas un uso práctico personal para esa información, a la larga lo olvidarás. Cuando brindamos herramientas a nuestros estudiantes para organizar el conocimiento con una aplicación práctica en sus vidas, este pasa a ser útil para ellos y les proporciona valor personal. El conocimiento es apenas "poder potencial". Se convierte en "poder" para los estudiantes cuando tiene un propósito con un fin definido para su aplicabilidad.

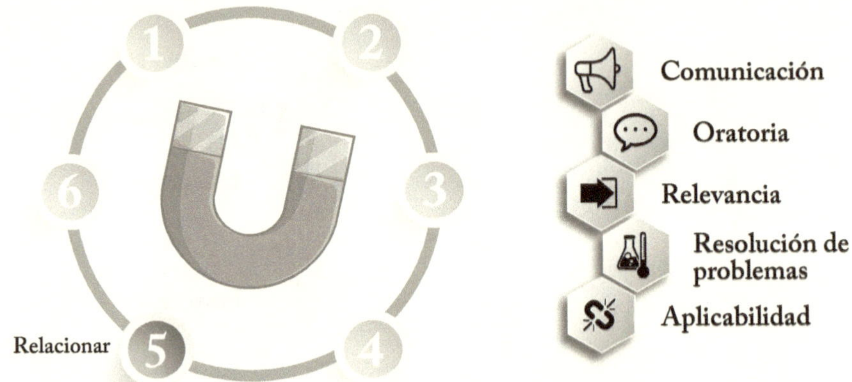

Figura 10.2. Paso Relacionar y las habilidades desarrolladas.

El estudiante aprende a relacionar el nuevo conocimiento con su vida y descubre su aplicabilidad práctica al responder esta pregunta: ¿Cómo usaré lo que aprendí? Su respuesta lo ayudará a encontrar conexiones con lo que ya está en su cerebro y en el centro de su alma. Vimos esto cuando Marco comparó el sistema digestivo con los autos y cuando Laura y Julián usaron sus talentos para mostrar a otros cómo proteger el ambiente.

PASO 6: AUTOEVALUAR

La metacognición es la capacidad de autoevaluar el razonamiento y las acciones propias usando el resultado para mejorarse a uno mismo. Con práctica, la metacognición se convierte en una poderosa herramienta de autoconciencia y automejora, permitiendo que la persona encuentre sentido en su vida. La automejora continua crea paz interior y, por lo tanto, una mejor calidad de vida. Los niños PUEDEN aprender a autoevaluarse dentro de un ambiente escolar seguro. Al permitirle que elija un camino y experimente las consecuencias de su elección, estamos ayudando al estudiante a ser consciente de cómo sus decisiones impactan en su realidad.

Esta práctica preparará al estudiante a evitar una vida de arrepentimiento porque desde una edad temprana desarrolla la autoconciencia para diseñar su futuro. Hay una manera más robusta de autoevaluar que puedes aprender en nuestra serie de desarrollo profesional en línea. Pero por ahora puedes empezar con el pie derecho haciendo las siguientes preguntas a tus estudiantes una vez que hayan tomado los pasos 1 a 5 de la Educación Relacional.

Preguntas para ayudar a los estudiantes a autoevaluarse:

- ¿Cómo te sientes?

- ¿Cuánto tiempo tardaste en terminar tu tema?

- ¿Eran claras tus metas?

- ¿Usaste más o menos tiempo del que habías fijado para esta tarea?

Al principio, los estudiantes pueden embrollarse al intentar responder estas preguntas, porque están acostumbrados a la crítica y lo que buscan es evitar errores. Debes animarlos a que compartan su autoevaluación y qué harán diferente la próxima vez.

Puedes comenzar pidiendo a los estudiantes que se autoevalúen al terminar cada paso. Haz preguntas para explorar qué les pareció una información determinada, su proceso de pensamiento y sus planes para proceder al próximo paso de aprendizaje. En la medida que este proceso se convierte en hábito y que ganan en autonomía del aprendizaje, permíteles hacer dos o tres pasos a la vez antes de autoevaluar su progreso.

Figura 10.3. Autoevaluar y las habilidades desarrolladas.

~ CLAVES PARA QUE LA EDUCACIÓN RELACIONAL FUNCIONE ~

Permite que los estudiantes completen cada paso de aprendizaje en la medida que su capacidad se los permita en ese momento. Esto es muy importante: *no esperes la perfección* y *no compares el trabajo de un estudiante con el de otro*. Los estudiantes están acostumbrándose a esta práctica y cada uno llegará en un tiempo distinto. ¡Su corteza prefrontal está a todo vapor! Es la misma experiencia que podrías tener al aprender un idioma: al principio te dolerá la cabeza, pero, con el tiempo, hablar este nuevo idioma te será natural.

No les tires a tus estudiantes todo al mismo tiempo. Dales una cosa en qué enfocarse en el próximo tema, como mejorar sus respuestas en el cuadro organizador (ver Capítulo 11) o encontrar un nuevo recurso para investigar.

¡Elogia el progreso en el proceso de aprendizaje! Ayudas al estudiante a autoevaluarse a cada paso porque necesitan pequeñas victorias para comenzar a alimentar su actitud de "yo-puedo-con-esto". Cuanta más evidencia tengan los estudiantes de que pueden hacerlo, más lo creerán[73]. Les estás ayudando a construir motivación intrínseca y perseverancia a través de la metacognición. No hay examen externo, persona o tecnología que desarrolle la determinación: solo los propios estudiantes pueden hacerlo.

¿Y los exámenes o pruebas estandarizadas requeridos? Cuando los educadores aplican la Educación Relacional sistemáticamente, sus estudiantes están mejor preparados para los exámenes. Recuerdan el contenido más fácilmente porque queda asociado con áreas de sus vidas. Si no recuerdan cierto contenido, les es fácil ir a sus apuntes y revisar los cuadros organizadores o los mapas conceptuales que resumen lo que aprendieron. Es cierto, en la Educación Relacional las calificaciones importan menos que el proceso de aprendizaje, pero como el sistema educativo valora las calificaciones académicas para abrir puertas de universidades y carreras, los estudiantes deben hacerlos.

Así lo describió el director de una escuela pública: "la Educación Relacional es la respuesta para una educación pública de alta calidad porque prepara a los estudiantes para la vida. Hoy el mercado prioriza competencias sobre contenido. Ellos aprenden y practican competencias mientras estudian el contenido requerido".

A esta altura estamos conectando los puntos de los seis pasos de la Educación Relacional. Es muy simple, pero muy poderoso.

~ REVISIÓN: LOS SEIS PASOS DE LA EDUCACIÓN RELACIONAL ~

Paso 1: establecer metas y planear, cuando tus estudiantes desarrollan autoconciencia de lo que son capaces y la capacidad de desafiar sus límites.

Paso 2: explorar, cuando los estudiantes se dan cuenta de que tienen un punto de partida desde donde aprender, aún si es algo sin relación con el tema.

Paso 3: investigar, cuando los estudiantes usan varios recursos para aprender más sobre un tema y llegan a entender que el conocimiento está ahí para que ellos lo exploren.

Paso 4: practicar, lo que fomenta la creatividad, la colaboración, el liderazgo y el aprendizaje basado en proyectos. Este paso fortalece las conexiones neuronales.

Paso 5: relacionar, cuando los estudiantes desarrollan la habilidad de comunicar, hablar en público, encontrar relevancia y practicar la resolución de problemas en el mundo real.

Paso 6: autoevaluar, lo que fomenta la metacognición y la autoestima y desarrolla la efectividad, rendición de cuentas, excelencia y perseverancia.

Como puedes ver, la Educación Relacional es la aplicación práctica del aprendizaje personalizado, el aprendizaje basado en proyectos, el aprendizaje basado en competencias y el aprendizaje autónomo, pero simplificado en solo seis pasos. A lo largo de este proceso de aprendizaje, alineado con la manera en que funciona el cerebro, los estudiantes desarrollan habilidades del siglo XXI y competencias de por vida. ¿Para qué insistir en trabajar de otra manera? Basta de adivinar cómo aprenden los estudiantes, basta de "enseñar al promedio", basta de dejar potencial detrás. Puedes ver algunos ejemplos de temas usando los seis pasos y bajar tu plantilla gratuita para construir tus temas en www. EducarEinstein.com.

Recuerda que el significado de la palabra educación viene del latín *educare*, que significa "traer al frente desde adentro". Por lo tanto, ¡si realmente queremos que los estudiantes aprendan debemos comenzar desde adentro! Por eso la Educación Relacional funciona tan bien.

Fomenta la autonomía cuando los estudiantes lideran su aprendizaje y cuando desarrollan habilidades críticas para protagonizar en sus vidas.

A esta altura ya sabes que eres perfectamente capaz de usar la Educación Relacional. Cuanto más practiques, más confianza tendrás para hacer que tus estudiantes sean exitosos. Este sistema es el resultado de décadas de investigación y desarrollo pedagógicos, diseñado cuidadosamente para que sea fácil de usar en cualquier contexto: escuelas urbanas o rurales, cualquier libro de texto, con o sin tecnología, aulas grandes o pequeñas y con estudiantes de varios niveles. Tus estudiantes ya tienen lo que necesitan: un cerebro. Tu trabajo es encender lo mejor de él para beneficiarlos de por vida.

Imagina tu clase como un ambiente dinámico en el que el aprendizaje ocurre sin esfuerzo. Ese es el objetivo de la Educación Relacional. ¿Recuerdas la cita "dale un pescado a un hombre y comerá un día. Enséñale a pescar y comerá siempre"? Eso es precisamente lo que estás haciendo: enseñando a tus estudiantes a aprender a través de habilidades estratégicas que pueden usar para aprender lo que quieran en sus vidas.

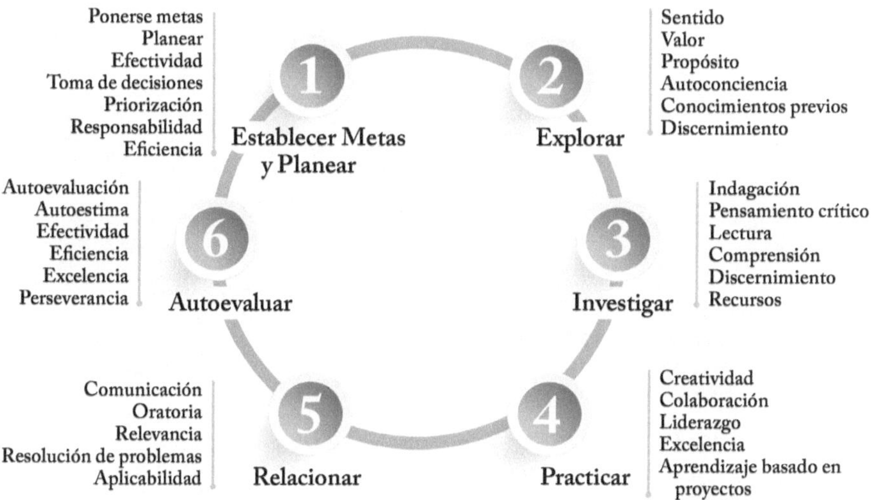

Figura 10.4. Con la Educación Relacional los estudiantes aprenden a aprender mientras desarrollan competencias.

HERRAMIENTAS PARA TODA LA VIDA

"Es tu camino, y solo tuyo. Otros pueden caminarlo
contigo, pero nadie puede caminarlo por ti".

~RUMI

La Educación Relacional investiga para testear y desafiar los modelos teóricos y prácticos existentes, buscando siempre su escalabilidad para asegurar que pueda ser fácilmente adoptado por sistemas educativos en cualquier lugar del mundo. Un modelo existente que usamos para examinar la Educación Relacional es el de las investigaciones sobre enseñanza y aprendizaje del Dr. Benjamin Bloom, de la Universidad de Chicago y la Universidad de Northwestern. En 1984, Bloom publicó en el periódico académico *Education Researcher* un artículo titulado "El problema 2 sigma: la búsqueda de métodos grupales de instrucción que sean tan efectivos como la tutoría uno a uno".

En el artículo, Bloom establecía 19 variables para mejorar efectivamente el logro académico de los estudiantes y para evaluar cuánto influye cada variable en los resultados de aprendizaje. Al fondo de la lista, con la menor contribución en el logro de altos niveles de aprendizaje, estaban los recursos como libros de texto y tecnología, junto con los antecedentes socioeconómicos de los estudiantes. Bloom luego testeó esas variables en tres condiciones de instrucción:

1. El aula convencional;

2. La instrucción de dominio, que agrega retroalimentación y procedimientos correctivos a un aula convencional; y

3. Tutoría individual uno a uno.

Bloom vio que la tutoría individual era lo que más mejoraba el logro de los estudiantes; sus resultados eran dos desvíos estándar (2 sigma) por encima de los de la clase tradicional. Este resultado era consistente con muchas otras observaciones.

Por un lado, era una muy buena noticia: más allá de sus antecedentes, niveles previos de logros académicos o acceso a recursos específicos, con tutorías individuales cada estudiante llegaba a los mismos resultados excepcionales. Por otro lado, la solución de tener un maestro por estudiante tiene un costo imposible de afrontar para el sistema educativo, por lo que es imposible escalarlo. Así nació el problema 2 sigma: ¿Cómo pueden alcanzar los educadores los altos niveles de logros de las tutorías individuales en un contexto grupal? En otras palabras, ¿Cómo puede un maestro proporcionar una experiencia personalizada a muchos estudiantes a la vez y aun así lograr estos resultados sobresalientes?

Bloom vio que los estudiantes pueden obtener elevados logros académicos si desarrollan buenos hábitos de aprendizaje, mejoran sus habilidades de lectura y dedican tiempo al aprendizaje. También encontró que el énfasis en procesos mentales superiores permite a los estudiantes relacionar su aprendizaje con los contextos en los que viven. "Estas capacidades son consideradas como un paso de características esenciales necesarias para seguir aprendiendo y para sobrellevar un mundo en cambio permanente", concluyó.

Bloom y sus colegas buscaban un método simple y escalable que pudiera ser usado por cualquier maestro para lograr resultados similares a los de las tutorías individuales. Tal método, escribió, "sería una contribución educativa de máxima importancia. Cambiaría las nociones populares respecto del potencial humano y tendría efectos significativos sobre lo que las escuelas pueden y deberían hacer con los años de educación que cada sociedad demanda a sus jóvenes".

La Educación Relacional es una solución práctica para el problema de 2 sigma de Bloom: es un método intuitivo, de bajo costo, que los maestros pueden incorporar fácilmente a sus prácticas para desarrollar el potencial humano a partir del aprendizaje. Incorpora una experiencia de aprendizaje personal en la que los estudiantes dan un uso práctico a su nuevo conocimiento y desarrollan autonomía en su propio aprendizaje y en sus vidas.

Ya estas familiarizado con los seis pasos de la Educación Relacional y sabes cómo cada paso desarrolla habilidades cognitivas y socioemocionales. Ahora examinemos dos herramientas para darle vida a tu implementación del sistema.

- Establecer metas y planear.

- Temas.

~ ESTABLECER METAS Y PLANEAR ~

Tradicionalmente, pensamos que los estudiantes responsables son los que se sientan todo el día sin decir mucho, hacen todo lo que los maestros les piden y tienen buenos resultados en los exámenes. Sin embargo, si la responsabilidad pasa por planear y actuar, ¿cuándo planearon o actuaron estos estudiantes? Son estudiantes *obedientes* que no practican transformarse a sí mismos. Se sientan, esperan la próxima instrucción y ejecutan las preferencias del maestro. ¿Qué podemos esperar de ellos al llegar a la adultez?

La responsabilidad es la decisión consciente de hacer algo que sabes que tendrá un resultado, y una decisión de enfrentar las consecuencias de tu acción, buenas o malas. Como dice el autor *bestseller* global Jack Canfield en su libro *The Success Principles* (*Los principios del éxito*), "Uno de los principios más importantes para el éxito es tomar 100% de la responsabilidad por tu vida y tus resultados". Podemos ofrecer a los estudiantes que practiquen tomar responsabilidad total por sus 16.800 horas en la escuela y la consecuencia de hacer eso es que serán exitosos en la vida.

Así, el primer paso de la Educación Relacional es incorporar la habilidad fundamental que los estudiantes necesitan para comenzar cada día: la de establecer metas y planear. La planeación específica diaria desarrolla habilidades de establecer metas, organizar, ser efectivo, tomar decisiones por vía de la priorización, tener responsabilidad y rendir cuentas. La planeación mejora la autorregulación del desempeño y la autogestión de acciones específicas requeridas para lograr metas específicas. Los pequeños éxitos en fijar y lograr metas diarias específicas mejoran la confianza y la motivación para seguir estableciendo y logrando metas.

A medida que los estudiantes se acostumbran al proceso diario de establecer metas y planear, toman conciencia de sus limitaciones personales, de qué son capaces y qué deben hacer para alcanzar sus metas. Luego pueden expandir sus metas hacia períodos más largos y a metas múltiples—un componente importante para el desarrollo de perseverancia y autonomía del aprendizaje–. También desarrollan una motivación intrínseca al descubrir cuánto pueden desafiar a sí mismos y lo lejos que pueden llegar. Los estudiantes comienzan a planear su semana, mes y año.

Con el tiempo, notarás que los estudiantes comenzarán a planear sus vidas. Definirán qué quieren hacer, quién quieren ser, dónde quieren ir. Esto sucedió con Jorge, a quien conocí cuando tenía 12 años. Me dijo que estudiaría mecatrónica en Alemania, en una universidad en particular que eligió, según me explicó, porque "hay dos universidades de primer nivel para esta carrera en el mundo, una en EE. UU. y una en Alemania. Elegí la de Alemania". Sabía cómo conseguir una beca y ya estaba trabajando en eso. Nadie tuvo que decirle qué hacer. ¡Lo hizo por su cuenta! Así es como establecer metas diarias, planear y autoevaluar permitirán a los estudiantes planificar sus vidas. Solo necesitamos ayudarlos a descubrir su capacidad innata para tener ideas nuevas y actuar en consecuencia.

~ COMIENZA EL DÍA GUIANDO A TUS ESTUDIANTES A ESTABLECER METAS Y PLANEAR ~

La primera actividad al comienzo de cada día es orientar a los estudiantes a establecer metas, planear y decidir sobre sus prioridades. También deben tener métricas medibles de acuerdo a sus capacidades. Estas metas deberían basarse en el tema actual, lo que significa que tus estudiantes deben tener acceso a las actividades que harán durante ese día. Ellos tomarán decisiones respecto de su plan de aprendizaje o trabajo, incluyendo qué actividades hacer primero y cómo priorizar esas actividades.

Puedes comenzar haciendo que los estudiantes fijen metas grupales. A medida que desarrollen esta habilidad, puedes pasar a que cada uno fije su meta personal. Los más grandes escribirán sus metas, mientras que los más chicos, que no pueden leer y escribir, dibujarán sus metas diarias.

Empieza con metas pequeñas y simples, como leer las actividades de la primera etapa de aprendizaje y completar la primera actividad. Así, estás entrenando a los estudiantes a desarrollar autocontrol, que requiere mucha energía de la corteza prefrontal antes de que se forme el hábito. En este punto, es esencial que estés permanentemente elogiando el *esfuerzo* de cada estudiante, no lo inteligente o listos que son. Tu elogio es la recompensa necesaria para que el cerebro del estudiante produzca naturalmente dopamina mientras practica esta habilidad. Cuando notes a estudiantes que dominen esta práctica, desafíalos a que aumenten la cantidad de actividades que planeen y que establezcan una meta de completar todas las actividades ese día. Los pequeños éxitos motivan a los estudiantes a seguir invirtiendo en el desarrollo de habilidades, un paso manejable a la vez.

~ TERMINA EL DÍA APOYANDO A TUS ESTUDIANTES A AUTOEVALUAR SU PLANEACIÓN ~

Al final del día, orienta a los estudiantes a autoevaluar los resultados de sus metas y planes, y ayúdalos a reflexionar sobre su capacidad de lograr lo que habían planificado. Si los estudiantes están logrando 100% de sus metas diarias, desafíalos a aumentar el número de actividades diarias que se fijan. Si no, ayúdalos a reflexionar cómo planificar dentro de sus capacidades. En este proceso, los estudiantes descubren sus límites, lo que les permite desarrollar autoconciencia y aumentar su autoestima.

El psicólogo Dr. Albert Bandura, de Stanford, de cuyo trabajo hablamos en capítulos anteriores, realizó una vasta investigación sobre cómo superar dudas respecto de la propia capacidad. Concluyó que, si se guía a una persona a través de pequeños éxitos, esta puede llegar a alterar su creencia de que no tiene capacidad para lograr algo[74]. Estos pequeños éxitos, logrados muchas veces con una guía, pueden impactar positivamente en el resto de la vida de la persona preparándola para perseverar frente a desafíos más difíciles.

~ AGREGA PLANEACIONES SEMANALES Y MENSUALES ~

Tan pronto los estudiantes incorporen la planeación diaria a su práctica, agrega una planeación semanal al comienzo de cada semana. Expandirá la visión de los estudiantes sobre el futuro cercano. Luego, apenas estén cómodos con la planeación diaria y semanal, incorpora una planeación mensual al comienzo de cada mes. Pasar de la planeación diaria a la mensual toma seis semanas o menos.

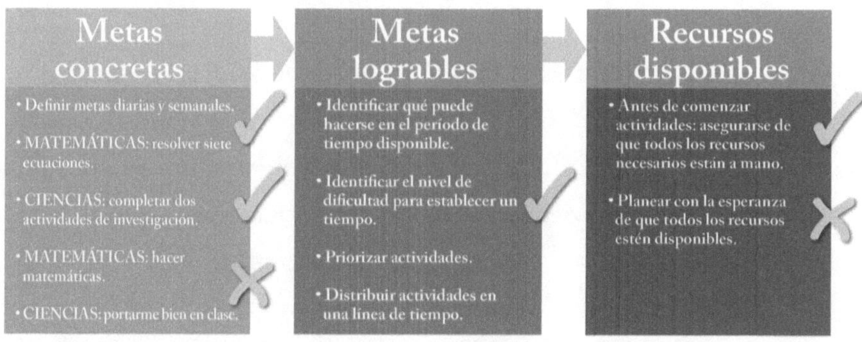

Figura 11.1. Ejemplos de metas concretas y logrables.

Es crucial mover a los estudiantes desde la planeación diaria a la mensual—y con el tiempo a la planeación anual—lo antes posible. Deben aprender a tener un fin último en la vida para poder desarrollar una motivación intrínseca para hacer las tareas de hoy.

Seguramente tomará más de seis meses que tus estudiantes más pequeños internalicen la planeación como una actividad diaria, así que asegúrate de que esta sea la primera actividad del día, todos los días. Que se convierta en una rutina y así, a la larga, será un hábito. Los niños pequeños que sean expuestos a este proceso de toma de decisiones temprano en la vida verán grandes beneficios más adelante.

Recuerda, la motivación intrínseca está relacionada con la pasión. Cuanto más descubramos y expongamos la pasión de cada estudiante, más intrínsecamente motivado estará. Los estudiantes aprenden con efectividad porque quieren, no porque tú lo ordenes, y lo que debes hacer es fomentarlo. Oriéntalos a ver el gran futuro que tienen por delante. Para hacer sus pasiones completamente realidad, necesitarán un plan y tiempo para trabajar en ellas mientras adquieren las habilidades que necesitan. Los estudiantes desarrollan motivación intrínseca al trabajar en algo que les interesa que tienen. Pasarán horas en ello, conscientes del control cognitivo que tienen sobre lo que están haciendo.

~ ESTABLECE SIEMPRE METAS CONCRETAS, LOGRABLES Y MEDIBLES ~

La idea es que tus estudiantes cumplan las metas que se fijen. Esto significa que las metas deben ser concretas y logrables, y que necesitas tener a mano los recursos para que ellos las logren.

Imagínate que estás ayudando a un estudiante de 5º grado a mejorar su lectura. Ha estado en clases de apoyo y sus padres están preocupados de que se atrasará aún más. Tú sabes que este estudiante ama bailar. Una estrategia para establecer metas y planear para este estudiante se vería así:

1. **Encuentra los recursos relacionados**: junta libros, artículos, revistas u otro material relacionado con la danza.

2. **Fija metas pequeñas:** leeré una página por día.

3. **Planea a diario:** hoy voy a leer una página y completaré el cuadro organizador relacionado con el texto. Escribiré un párrafo para explicar lo que entendí.

4. **Al final de cada día evalúa las metas diarias:** ¿Logré cumplir con mi meta? ¿Necesito mejorar? ¿Qué haré mejor mañana?

5. **Celebra las victorias del día:** reevaluaré mi meta si no logré cumplirla. En este proceso de autoevaluación nunca preguntes *¿Por qué* no puedo hacerlo? En cambio, di: mi estrategia no funcionó. *¿Cómo* puedo mejorarla?

6. **Aumenta las metas poco a poco:** leo una página más rápido que lo habitual. Ahora me voy a desafiar a leer dos páginas por día.

7. **Medición semanal:** ¿Cuántas páginas leí? ¿Cuánto entendí de lo que leí? ¡Celebra los logos semanales!

El premiado autor John Irving dijo sobre el proceso de escritura: "El momento en el que se publica un libro, la ventana en el que está disponible al público y en el que la gente habla de él, es muy pequeño. ¡Termina en un par de meses! Pero el libro quizás tardó [en escribirse] cuatro, cinco, seis años. Y el próximo libro tomará un tiempo parecido. Aprendí del deporte de la lucha que más vale que ames el proceso en sí mismo, más vale que ames practicar, repetir el mismo movimiento 100 veces con el mismo oponente deportivo aburrido de siempre. Una pulgada a la vez, después tachas algo, mueves esta oración aquí, llevas esta otra y la pones allí. ¡Es lento! La gente se quedaría dormida viendo a un escritor escribir o a un luchador practicar". Irving aprendió a amar el proceso. Es a lo que debemos apuntar: a que los estudiantes amen el proceso de aprendizaje al practicarlo constantemente.

PASO	META "Haré tal cosa en tal tiempo"	¿LO LOGRÉ? SÍ	NO	COMPROMISO O MEJORA "Para lograrlo o mejorarlo, puedo…"
AL INICAR EL TEMA		**AL FINALIZAR EL TEMA**		
Establecer metas y planear	Leer las actividades y escribir mis metas en esta plantilla para fijar mis expectativas – 30 minutos.	☒	☐	¡Esta vez me ceñí a mi planificación!
Explorar	Completar las indicaciones para entrar en el tema – 30 minutos.	☒	☐	Leer la etapa con más antelación para darme más tiempo de pensar en ejemplos.
Investigar	Mirar videos y analizarlos para sintetizar información – 1 h 30 minutos.	☒	☐	Seguir mirando videos y leer los consejos diarios de Educación Relacional en mi email.
Practicar	Escribir un ensayo para organizar mis ideas – 1 h.	☒	☐	Compartir este ensayo con mis colegas.
Relacionar	Escribir una carta para recordarme a mí mismo de seguir progresando – 1 h.	☒	☐	¡Guardar mi carta!
Autoevaluar	Autoevaluar si cumplí con las metas que estoy escribiendo en esta plantilla para seguir mejorando mis habilidades de planificación – 30 minutos.	☒	☐	Seguir mejorando mis habilidades de manejo del tiempo.

Figura 11.2. Ejemplo de planeación diaria y semanal.

Cuando los estudiantes ven que su esfuerzo tiene resultados tangibles aumenta su motivación intrínseca y pasan a entender que el proceso de establecer metas y planear es el secreto para lograr lo que quieran en la vida.

Se puede planear en cualquier práctica pedagógica, incluyendo un aula convencional. Solo tienes que asegurarte de que los temas estén dirigidos a los estudiantes y de revisar con ellos los temas de la semana.

Saber qué es lo que deben lograr es crucial para desarrollar un plan para encarar los temas. Practica orientar a los estudiantes a planear pequeñas metas y continúa practicando hasta que puedan planear su mes. Discute estrategias de orientación con otros educadores uniéndote a nuestra comunidad online; puedes encontrar el link fácilmente en nuestro sitio web: www.EducarEinstein.com.

~ TEMAS ~

El tema (también conocido como guía o unidad de estudio) apoya a los estudiantes en su proceso de aprendizaje usando los pasos 2 a 5 de la Educación Relacional, tal como comentamos. Su estructura está en línea con el sistema de aprendizaje del cerebro y te permite incorporar prácticas del aprendizaje basado en proyectos, el aprendizaje personalizado, el aprendizaje basado en competencias, el aprendizaje semipresencial y el aprendizaje autónomo. El objetivo es desarrollar el control cognitivo necesario para formar seres humanos no hackeables y creativos, permitiendo que los estudiantes vivan una vida plena en esta nueva normalidad.

Al fragmentar el proceso de aprendizaje, los estudiantes entienden que pueden aprender cualquier cosa. Esto crea la oportunidad de mejorar una nueva habilidad y formar buenos hábitos. Los temas pueden durar entre 3 y 10 días. Según nuestra experiencia, los estudiantes aprenden en qué momento del día son más productivos en determinadas materias. El esquema de tiempo del tema les permite ser productivos en ese momento del día. Tiene sentido. Por ejemplo, yo prefiero trabajar en actividades que involucren escribir temprano por la mañana, mientras que puedo trabajar en temas con números en cualquier hora del día. Me reúno con líderes escolares en distintos momentos de la semana y cada tanto participo en alguna conferencia. Distribuyo las tareas a lo largo de varios días. En la medida en que los estudiantes se conozcan más a sí mismos encontrarán la manera de hacer sus actividades en su momento más productivo.

Un tema productivo aprovecha la forma en la que trabaja el cerebro naturalmente y asegura el equilibrio adecuado de neurotransmisores al conectar al currículo con las pasiones de los estudiantes.

~ EJEMPLO DE UN TEMA Y SUS ETAPAS ~

Un tema de música se vería así:

1. *Explorar*

Durante este paso, pide a los estudiantes que reflexionen sobre el tema y que manifiesten su conocimiento previo. La experiencia diaria, la vida cotidiana, las expectativas, preguntas, dudas y la curiosidad se convierten en el punto de partida para esta exploración. Los estudiantes pueden responder a una pregunta contextualizada o hipotética sobre qué aprenderán o lograrán en la unidad.

Las preguntas típicas podrían ser: ¿puedes hacer una lista de géneros musicales? ¿Quiénes los crearon? ¿Por qué? ¿Puedes asociar a un cantante o grupo a cada uno? ¿Qué géneros te gustan? ¿Cuáles son tus grupos o cantantes favoritos? ¿Por qué te gustan? ¿Qué haría falta para que te guste la samba?

2. *Investigar*

En este paso los estudiantes investigan nueva información sobre el tema a través de recursos visuales (libros, informes), de audio (audiolibros), audiovisuales (videos), diálogo, entrevistas o reuniones directas. Investigar nueva información lleva al desarrollo de un conocimiento de base, que se hace evidente a través del análisis que el estudiante debe completar.

Incentiva a tus estudiantes a que busquen sus fuentes a partir de lo que les guste. Así aumentarás la probabilidad de que entiendan el concepto. Por ejemplo, si un estudiante está aprendiendo música y ama el fútbol, anímalo a que explore qué pasa en un partido de fútbol cuando los hinchas empiezan a cantar la canción de su equipo. Bríndale libertad para que se exprese y verás maravillas.

3. *Practicar*

Este paso incluye actividades planeadas que tú provees o aquellas sugeridas por los estudiantes a medida que ganan autonomía. En este paso puedes enriquecer la práctica con aprendizaje basado en proyectos, evocando la resolución de problemas, la creatividad y el pensamiento crítico, los cuales son parte del aprendizaje basado en competencias. A medida que crece la capacidad de los estudiantes de proponer nuevas actividades, aumenta su autonomía de aprendizaje.

En un tema de música, las actividades podrían ser escribir una canción, compartir una colección de los géneros favoritos o escribir un ensayo sobre el grupo preferido de un estudiante.

4. *Relacionar*

En este paso, los estudiantes realizan el verdadero propósito del tema, relacionando lo que han aprendido a sus propias vidas a través de actividades y de reflexiones personales. Los abordajes más exitosos ayudan a los estudiantes a **encontrar un propósito y un sentido en lo que están aprendiendo.**

Cada vez que interactúes con los estudiantes aprenderás algo de ellos. Toma notas sobre sus aspiraciones, de lo que les gusta y disgusta. Asegúrate de motivarlos a relacionar su aprendizaje con lo que tú sabes de ellos. Incorpora preguntas que los ayuden a hacerlo. Algunos ejemplos para una unidad de música: ¿Han cambiado tus preferencias musicales después de este tema? ¿Puedes relacionar cada género con lo que te hace sentir? ¿Puedes vincular tus estados de ánimo con un género determinado? ¿Qué géneros recomendarías a tus amigos?

~ CÓMO PASAR A TUS ESTUDIANTES DE UN TEMA AL PRÓXIMO ~

Los temas siempre tienen que hablarle al estudiante. Está bien trabajar con un grupo al mismo ritmo. Sin embargo, asegúrate de permitirles que exploren el tema por sí mismos, a sus propios ritmos, una vez que se sientan listos para eso. O puedes ir pasando poco a poco a un abordaje personalizado, permitiendo que tus estudiantes avancen individualmente a su propio ritmo.

Asegúrate de tener listos temas adicionales para los estudiantes que van más rápido. En nuestra experiencia, a los estudiantes les toma dos o tres meses entender el proceso, y una vez que lo hacen empiezan a querer más temas y a aprender más rápido de lo que te imaginas.

Una vez que los estudiantes terminan un tema, deben presentar lo que aprendieron a sus educadores uno a uno cuando sea posible. Aún si presentan como grupo, cada estudiante debe compartir su trabajo personal. Este proceso desarrollará habilidades de presentación y demostrará conocimiento: su abordaje de cada etapa de aprendizaje, sus descubrimientos, por qué eligieron ciertos recursos, cómo organizaron el conocimiento, cómo desarrollaron cada actividad práctica y, finalmente, cómo usarán el nuevo conocimiento en sus vidas. Brinda libertad a los estudiantes para que expresen lo que han aprendido. Eso fomentará la creatividad. En nuestro sitio web, www.EducarEinstein.com, hay temas que puedes usar como ejemplos para comenzar.

Y para que tú practiques: desarrolla un tema para el área que elijas usando el proceso de aprendizaje de este capítulo. Luego, personalízala para Mary, una alumna que percibes como apática y sin motivación o interés. Usando el tema que has creado y personalizado: ¿Cómo podrías incorporar algunos de los abordajes de aprendizaje? ¡Puedes unirte a nuestro grupo de discusión en Facebook para hacer preguntas o compartir tu experiencia!

~ EL CUADRO ORGANIZADOR: AYUDANDO A LOS ESTUDIANTES A SINTETIZAR EL NUEVO CONOCIMIENTO ~

El producto del aprendizaje depende de la capacidad del estudiante de sintetizar información, y los resultados pueden variar. Igualmente, debe haber evidencia clara de que el estudiante haya entendido el tema. Recomendamos mucho el uso de cuadros organizadores, que ayudan a los estudiantes a sintetizar nueva información. En nuestra práctica, la introducción de cuadros organizadores aumentó la comprensión de textos de los estudiantes, en promedio, 40% por año. Los cuadros organizadores son una herramienta poderosa de lectura y comprensión de textos.

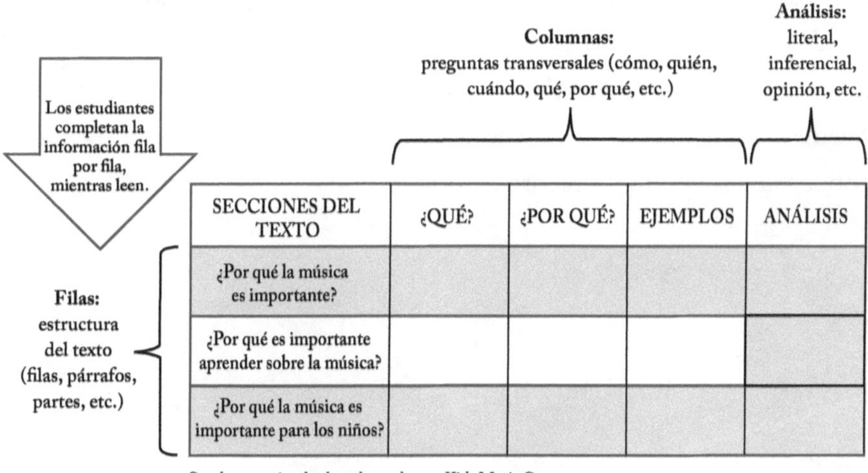

SECCIONES DEL TEXTO	¿QUÉ?	¿POR QUÉ?	EJEMPLOS	ANÁLISIS
¿Por qué la música es importante?				
¿Por qué es importante aprender sobre la música?				
¿Por qué la música es importante para los niños?				

Cuadro organizador basado en el texto Kids Music Corner

Figura 11.3. Ejemplo de un cuadro organizador.

Los elementos de un cuadro organizador:

- **Filas**: corresponden a la estructura del texto; los títulos de los segmentos a leer.

- **Columnas**: corresponden a los aspectos funcionales, con preguntas como quién, qué, dónde, cuándo, por qué y cómo.

- **Última columna a la derecha**: presenta siempre una pregunta transversal que requiere algún tipo de análisis. Puede ser literal, como ¿Qué dice el texto? Puede ser inferencial, como ¿Qué hubiera agregado yo a este texto? ¿Qué creo que debería decir el texto? ¿Qué podría estar implicado en el texto? Puede expresar una opinión, como ¿Qué siento alrededor de este tema?

Los estudiantes llenan el cuadro organizador una fila por vez cuando leen un texto de principio a fin, y sintetizan la información en sus propias palabras mientras leen. Una vez que completan este proceso, los estudiantes pueden hacer un mapa conceptual, que mostrará su comprensión del tema. Para más información sobre cómo crear un mapa conceptual[75] puedes visitar nuestro sitio web www.EducarEinstein.com. Los mapas conceptuales ayudan a recordar todo lo que hayas aprendido.

CAPÍTULO 12

MANOS A LA OBRA

"Un estudiante no es un recipiente que debe
ser llenado sino una luz que debe ser encendida".

~PLUTARCO

En la serie *MythBusters: The Search* (*RompeMitos: la búsqueda*), del Discovery Channel, el anfitrión Kyle Hill desafía a competidores con conocimientos científicos a derribar mitos. En un episodio, los participantes debían montar una bicicleta por 3.6 metros. Tarea sencilla, salvo por un detalle: cuando el ciclista giraba el manubrio a la derecha, la rueda delantera giraba a la izquierda y viceversa. Pues bien: seis de los seis competidores fueron incapaces de montarla por 12 pies.

Andar en la bici manipulada es un desafío porque en nuestros cerebros ya tenemos redes neuronales que determinan nuestras reacciones automáticas al montar una bici. Queremos mover el manubrio a la derecha para ir a la derecha, y a la izquierda para ir a la izquierda. Cada vez que queremos aprender algo que se desvía de nuestras conexiones neuronales ya establecidas o de hábitos ya implantados en nuestros cerebros ocurre un conflicto cerebral como aquél. Es difícil, pero no imposible.

Al final del episodio de MythBusters, Hill explicó que la bicicleta con el manubrio al revés solo puede usarse después de "*mucha* práctica". Con una comprensión clara de cómo funciona la bici y mucha práctica, los ciclistas pueden dominar el manubrio revertido. El propio Hill se convirtió en un experto en manejar la bicicleta manipulada y ahora tiene el desafío de andar en una bici "normal". Formó nuevas redes neuronales de andar en bicicleta.

Lo mismo vale para poner en práctica un abordaje del aprendizaje en el que los estudiantes lideran: requiere un nuevo cableado del cerebro y tomará práctica. El aprendizaje autónomo no ocurre mágicamente solo porque uses nuevas herramientas. Convertirse en un estudiante autónomo es un proceso que requiere una práctica guiada continua. Con eso en mente, la Educación Relacional incorpora una escala de autonomía de aprendizaje que determina qué tipos de apoyo necesitan los estudiantes de parte de sus educadores.

~ LOS CUATRO NIVELES DE AUTONOMÍA EN LA EDUCACIÓN RELACIONAL ~

Quizás una de las principales causas de la efectividad de la Educación Relacional pasa por sus niveles distintivos de autonomía. Ya aprendiste en los capítulos anteriores cómo usar los seis pasos de la Educación Relacional y sus herramientas para desarrollar el potencial de tus estudiantes.

A lo largo de este libro hemos reforzado la idea de que la Educación Relacional empieza donde están tus estudiantes. Una verdadera experiencia de aprendizaje invoca el descubrimiento personal, que fomenta la motivación intrínseca y la autonomía del estudiante. En este punto hay dos preguntas:

1. ¿Cómo saber si tus estudiantes son autónomos?

2. ¿Cómo apoyarlos en su desarrollo como estudiantes autónomos?

Aprender a caminar es un proceso. Aprender a andar en bici es un proceso. Aprender otro idioma es un proceso. Aprender a aprender también es un proceso. Por eso establecimos cuatro niveles de autonomía por los que avanzan los estudiantes, y cada nivel requiere un nivel de apoyo distinto por parte de los educadores. Así, mientras los estudiantes están usando los seis pasos de la Educación Relacional, los educadores proveen el apoyo necesario para fortalecer sus habilidades.

Comencemos por entender los niveles de autonomía de aprendizaje y cómo identificar en qué nivel están tus estudiantes.

1. **Nivel dirigido**

    En este nivel, aprenden las técnicas para gobernarse y organizarse a sí mismos y requieren una guía precisa para lograr sus objetivos. En este nivel, los educadores proporcionan a los estudiantes un marco claro a seguir.

    Los estudiantes aprenden a fijar metas de corto plazo enfocadas en actividades específicas. Es en este nivel donde el comportamiento responde a consecuencias: para evadir castigos (por ejemplo: *no le pegaré a mi compañero porque de hacerlo me castigarán*) o para obtener un premio (por ejemplo: *hago mi tarea porque si la hago mis padres me comprarán un monopatín*).

2. **Nivel guiado**

Dentro del segundo nivel de autonomía, el comportamiento aún depende de reglas externas, pero se lleva adelante en línea con un orden establecido que los estudiantes están comenzando a reconocer y a seguir. Aquí es donde comienzan a entender a la regla como una estructura funcional en la que todos participan, donde los modelos de autoridad están presentes como guías y acompañantes en el proceso, no como figuras que se imponen.

Este nivel funciona con un proceso de comunicación mediado: una conversación continua entre el educador y el estudiante para alinear expectativas y logros. Los estudiantes elegirán comportamientos para satisfacer a otros (*debo ser bueno para que mis padres estén orgullosos de mí*) o para mantener un grupo social (*debo hacer esto como me dicen mis amigos así todos actuamos de la misma manera*).

3. **Nivel orientado**

Este es un nivel de transición, en el que están demostrando si sus habilidades están suficientemente desarrolladas para funcionar bajo los parámetros del nivel autónomo. Pueden avanzar por la mayoría de los temas con mínima guía y presentan mejoras visibles en la calidad de sus entregables, en la identificación de intereses personales, el desarrollo de habilidades y en su autoevaluación. Los estudiantes pueden establecer metas y planear meses por delante y tienen la motivación intrínseca de completar sus planes.

4. **Nivel autónomo**

Los estudiantes son autónomos cuando se manejan plenamente a sí mismos, y las dinámicas de aprendizaje son producto de un acuerdo entre estudiante y educador. La base para lograr este nivel de autonomía es cuando las acciones del estudiante están motivadas por los valores y la aceptación. Siguen reglas porque hay un claro consenso sobre su utilidad y no porque hayan sido impuestas.

~ EVALUANDO EL PROGRESO DEL PROCESO ~

Ahora llega el momento de juntar todo. Primero, desarrolla tus temas usando los seis pasos de la Educación Relacional. En cada interacción con tus estudiantes, puedes personalizar la experiencia de cada estudiante actualizando actividades y permitiéndoles que elijan en cuáles quieren trabajar.

El siguiente paso es evaluar el progreso del proceso usando los cuatro niveles de autonomía. Como ahora eres consciente de las habilidades que se están desarrollando dentro del proceso de aprendizaje que has diseñado, tu apoyo mejorará esas habilidades en cada interacción. Ya no le preguntas al estudiante con el objetivo de evaluar su conocimiento disciplinario rígido, sino desde un lugar que incentiva la exploración por su parte. Esto significa hacer preguntas exploratorias, tanto cognitivas como de experiencia, que lleven a los estudiantes a buscar respuestas en un proceso de aprendizaje donde ellos ponen el ritmo.

Así puedes apoyar a los estudiantes en el desarrollo de su autonomía de aprendizaje:

NIVEL I—ESTUDIANTES DIRIGIDOS

Comienza asegurándote de que los estudiantes estén planeando correctamente, con metas pequeñas, y hazles preguntas para ayudarlos a autoevaluar su progreso. En este nivel, se autoevalúa en cada paso.

Preguntas que podrías hacer en la etapa de aprendizaje dirigido:

- ¿Cómo te sientes?

- ¿Cuánto tiempo te demandó?

- ¿Eran claras tus metas? ¿Usaste más o menos tiempo del que habías fijado para esta tarea?

Recuerda que están aprendiendo el proceso de aprendizaje. Al principio pueden dudar al responder estas preguntas, pero con el tiempo esto se convertirá en un hábito. Debes apoyar a los estudiantes después de cada paso para asegurarte de que entiendan bien el proceso. Enfócate en el proceso, no en el contenido. A medida que aprendan el proceso, los estás capacitando para que aprendan cualquier cosa. Es como cuando aprendes a andar en bicicleta: puedes ir a donde quieras.

Haz que en el próximo tema los estudiantes se enfoquen en una cosa, como mejorar sus respuestas en el cuadro organizador (ver Capítulo 11). ¡Felicítalos por el progreso en el proceso! Ayudas a los estudiantes a evaluar en cada paso porque necesitan pequeños éxitos para alimentar su actitud de "yo-puedo-con-esto". Los estás ayudando a construir motivación intrínseca y perseverancia.

NIVEL 2—ESTUDIANTES GUIADOS

Una vez que los estudiantes están más cómodos con el proceso y pueden cumplir dos pasos cualesquiera de la Educación Relacional sin la ayuda de los maestros, desafíalos a aumentar la cantidad de actividades que incluyen en su planeación para cumplir sus metas y sigue apoyando su autoevaluación. Asegúrate de que vean su propio progreso: eso aumenta la autoestima y la motivación intrínseca.

Permite que los estudiantes trabajen en dos de los seis pasos antes de que te los presenten. Si los estudiantes han comprendido los conceptos presentados y han completado bien las actividades, pueden avanzar al próximo paso del tema. Esto es importante, porque estás ayudando a los estudiantes a llegar a su nivel de excelencia y tienes la posibilidad de corregir el rumbo si el estudiante no ha comprendido los conceptos. Elogia el esfuerzo de desafiarse a sí mismos. Haz que se enfoquen en un aspecto en el próximo paso o en el próximo tema.

NIVEL 3—ESTUDIANTES ORIENTADOS

Los estudiantes ya están planeando sus días sin esfuerzo y pueden completar las actividades de dos a tres pasos de aprendizaje completos dentro del tiempo presupuestado. Entonces puedes avanzar un paso y orientarlos a que encuentren la solución a una pregunta o problema que no entienden. Te conviertes en la persona que hace posible que los estudiantes respondan sus propias preguntas y resuelvan sus propios problemas. Eres el facilitador del proceso de aprendizaje. Haz preguntas, no des respuestas. Anímalos a que encuentren las respuestas.

Desafía a los estudiantes a que establezcan metas para un mes entero, distribuyendo todas las actividades en ese tiempo: a esta altura tienen una idea clara de su capacidad de fijar su ritmo. La motivación intrínseca comienza a florecer. Sigue revisando la planeación diaria y ayuda a los estudiantes a evaluar al final de cada semana si están en buen camino. Recuerda siempre elogiar el esfuerzo que ponen en la tarea, no lo inteligentes o astutos que sean.

NIVEL 4—ESTUDIANTES AUTÓNOMOS

A esta altura, los estudiantes son capaces de completar un tema completo y presentártelo, incluyendo una descripción del proceso usado para completar el tema y cómo lo usarán en sus vidas. Conversa con los estudiantes para apoyarlos a reconocer maneras de profundizar su comprensión y áreas que requieren mejora. Los estudiantes comenzarán a indagar respecto de los materiales y recursos necesarios para lograr sus metas.

Anima a los estudiantes a que compartan sus progresos, dificultades, desafíos y fortalezas. El estudiante sabe mejor que nadie qué necesita mejorar y cómo hacerlo con el apoyo externo necesario para su desarrollo. Imagina que estás entrenando a un corredor para una competencia importante. Eres su entrenador: no puedes competir y correr por ellos. El corredor es quien debe entrenar y competir. Es igual con tus estudiantes.

Explora respecto de qué están pensando tus estudiantes respecto de su futuro. A esta altura, la motivación intrínseca está bien establecida y los estudiantes saben que pueden lograr lo que se propongan.

Cuando los estudiantes tienen autonomía, estas habilidades se convierten en innatas para ellos:

- Fijar metas desafiantes y logrables;

- Desarrollar estrategias para lograr esas metas;

- Seguir un proceso de aprendizaje específico y aprender todo con un propósito;

- Autoevaluar su progreso;

- Encontrar un sentido en lo que aprenden; y

- Relacionar lo que aprenden con sus vidas.

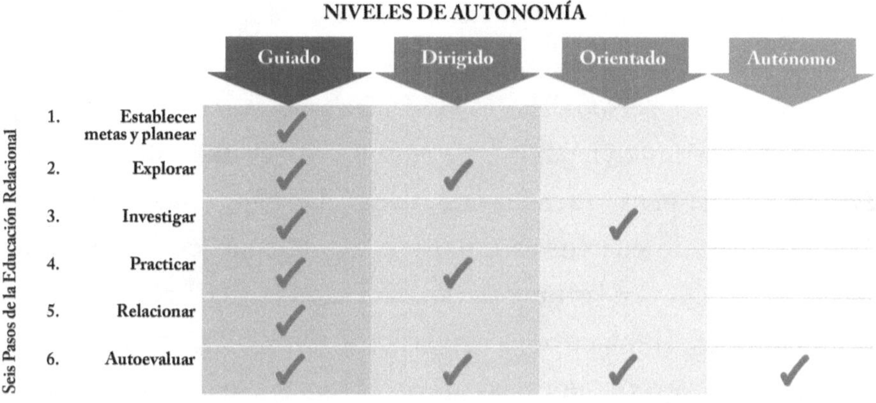

Figura 12.1. Apoyo requerido del educador en cada nivel de autonomía.

~ LA PREGUNTA MÁS FRECUENTE ~

Cuando los educadores comienzan a usar las herramientas de la Educación Relacional y ven el progreso de sus estudiantes, la pregunta que surge más frecuentemente es: ¿cómo brindo atención personalizada a cada uno de mis 30 estudiantes dentro de un período de tiempo limitado?

Si tienes muchos años de experiencia enseñando, lo más probable es que estés acostumbrado a dar lecciones, asignar tareas y administrar exámenes. Con la Educación Relacional ya no usas ese proceso. Los estudiantes aprenden con los temas que preparaste con antelación y brindas el apoyo necesario mientras trabajan en cada tema. En un momento determinado, los estudiantes estarán en distintos pasos del tema o incluso en distintos temas. Por lo tanto, no necesitan el tipo de atención de grupo que solías brindar.

En un día cualquiera, quizás trabajes con 5 o 10 estudiantes en el tiempo que tienen juntos, monitoreando su progreso en los temas de acuerdo a su nivel de autonomía. Los 20 o 25 estudiantes restantes seguirán trabajando de manera independiente al ritmo de aprendizaje de cada uno. Lo que realmente importa es el progreso general de los estudiantes en tu materia.

Cuanto más personalizas la experiencia de cada estudiante, más motivación intrínseca tendrán para cumplir con el 100% de tus temas. Por eso vale la pena aprender este nuevo abordaje. Cuando trabajas individualmente con tus estudiantes, logras conocerlos realmente bien y descubres qué les importa, qué los motiva y qué activa en ellos el aprendizaje. Tu objetivo es ayudarlos a convertirse en estudiantes autónomos mientras los orientas para hacer realidad su potencial. Cuanto más autónomos sean, menos apoyo necesitan.

Puedes preguntarte: ¿significa esto que ahora soy irrelevante? ¡Por el contrario, eres más relevante aún, porque tus estudiantes necesitan que los guíes para explorar su grandeza! Recuerda: sus experiencias contigo es la oportunidad perfecta para intentar, fracasar y volver a intentar hasta que estén listos para la vida. Cuanto más practiquen aprender bajo la Educación Relacional, más preparados estarán para ser quien quieran ser en la vida.

Alégrate cuando los estudiantes comiencen a aprender más rápido. ¡Celebra con ellos cada uno de sus logros como un fanático del fútbol que cree que ha ganado el partido tanto como los jugadores!

CAPÍTULO 13

CÓMO EDUCAR
A UN EINSTEIN

"Me empujé más allá de mi límite y lo encontré".

~Luke Durbridge

Fue en 1939. George Dantzig, estudiante doctoral de la Universidad de California, Berkeley, llegó tarde a una clase de estadística. Apenas tuvo tiempo de anotar los dos problemas estadísticos presentados en el pizarrón y la clase terminó. Dantzig había obtenido en 1936 su grado en matemáticas y físicas y en 1938 su maestría en matemáticas. Para él, los problemas matemáticos eran simples. Sin embargo, le tomó un par de días encontrar la solución a aquellos problemas, ya que eran un poco más difíciles de lo habitual. Quizás el grado del desafío se debía a que se había perdido la clase en la que se habían discutido los problemas.

Dantzig llevó la respuesta de ambos problemas directamente a la oficina del profesor, el Dr. Jerzy Neyman, disculpándose profusamente por la tarea atrasada. Neyman era su tutor doctoral y Dantzig había mostrado cierta falta de respeto por llegar tarde a clase. Al final, su llegada extremadamente tardía terminó jugando a su favor: ¡Dantzig no tenía idea de que aquellos problemas no eran una tarea sino dos teoremas estadísticos que nunca habían sido probados! Había trabajado un par de días en ellos y los resolvió. Nadie le había dicho a Dantzig que era imposible hacerlo[76].

Desde ese momento, este episodio de la vida de Dantzig se convirtió en una lección motivacional de pensamiento positivo, la creencia de que somos capaces de hacer lo que nos propongamos. Me hubiera encantado, además, escuchar la historia desde el lado de Neyman. ¿Cuántas veces aconsejó y motivó el profesor a Dantzig para que explorara su pasión por la matemática? ¿Cuántas veces miró a Dantzig a los ojos y le dijo "creo en ti" antes de enviarlo en su camino para que continúe su trabajo? ¿Te imaginas cómo se sintió Neyman al ver las soluciones a las ecuaciones supuestamente imposibles de resolver? ¡Tenía un genio en su clase!

¿Te gustaría tener a un Dantzig, Einstein, Phelps, Earhart, Curie, Edison, Jobs y otros tantos genios aprendiendo bajo tu orientación? Como cualquier ser humano, ellos no eran estudiantes perfectos. Sin embargo, tenían una cosa en común: una motivación intrínseca que ardía en su interior y los llevaba a perseguir sus sueños.

Dentro de la Educación Relacional, los estudiantes aprenden a trabajar como PhDs desde pequeños: tienen una hipótesis, la investigan, la practican y la aplican a sus vidas. Son estudiantes autónomos con un claro sendero de aprendizaje que establecieron a sí mismos. Sus maestros son tutores que los guían a través del proceso de aprendizaje para lograr lo que quieren en la vida.

Ahora, acompáñame en esta reflexión: Estados Unidos tiene 56,4 millones de estudiantes solo de jardín de infantes a 12° grado[77]. Imagina si estos niños usaran la Educación Relacional, si fueran capaces de hacer preguntas, investigar, colaborar, hacer prototipos y encontrar soluciones para problemas actuales que ellos hayan identificado y por los que sientan una pasión. Problemas como el transporte, la vivienda, el sistema de salud, el desarrollo de la fuerza laboral, las relaciones internacionales y mucho más.

Imagina si los maestros creyeran en la capacidad de cada estudiante de innovar, más allá de su edad, borrando para siempre la palabra "imposible" de su diccionario. Si un niño de 4 años hace en promedio 300 preguntas por día, ¿no sería una edad ideal para comenzar a explorar nuevas perspectivas para un problema actual? Quizás ya habríamos encontrado la cura para el cáncer, la solución para la contaminación y no habría más hambre en el mundo.

¿Te imaginas un sistema escolar en el que 56,4 millones de estudiantes estén creando a diario productos y soluciones patentados? ¿Donde puedan colaborar a menudo con otros estudiantes a quienes no conocen porque usan el mismo proceso de aprendizaje? ¿Qué pasaría con la economía nacional? Sobre todo: ¿te puedes imaginar el nivel de satisfacción, productividad y motivación de una generación con estas oportunidades?

Creo que todos los estudiantes pueden ser, hacer y tener lo que quieran. Creo que pueden aprender eficientemente cuando usamos el recurso número uno que todos tienen: ¡el cerebro! Creo que los estudiantes son imparables cuando encuentran su propia motivación intrínseca. Ya tenemos muchos ejemplos de las capacidades de los estudiantes alrededor del mundo. Boyan Slat, de 19 años, creó un dispositivo para recolectar plástico del océano[78]. Apunta a limpiar todos los océanos hacia 2050. Afectado por la crisis de agua de Flint, Gitanjali Rao, de 11 años, inventó un dispositivo barato para detectar plomo y prevenir así que se enferme más gente[79]. Leroy Mwasaru tenía apenas 17 cuando inventó un bio-reactor de desechos humanos que transforma la materia fecal en combustible para cocinas[80].

> "Naciste un original, no mueras como una copia".
> ~JOHN MASON

Una vez estuve con 15 ministros de educación de distintos países en una reunión donde se discutía el uso de la tecnología en el aula. Enfaticé la importancia de una estrategia pedagógica y de la preparación de los maestros para asegurar el éxito de cualquier programa nacional que usara tecnología. En la reunión me acompañaba Laura, por entonces una estudiante de 15 años, quien comentó a los ministros la diferencia que había logrado la Educación Relacional en su aprendizaje, comportamiento, elecciones y emociones. Entre muchas cuestiones interesantes, los ministros le preguntaron cómo se sentía al tener estudiantes de distintas edades aprendiendo en el mismo espacio. Ella respondió: "usted está aquí con 14 ministros, aprendiendo algo que les interesa a todos. Ustedes no son de las mismas edades: ¡ni siquiera son de los mismos países! ¿Por qué no podemos tener nosotros la misma experiencia en la escuela?"

Soy optimista de que con el tiempo tendremos escuelas que se amolden a los estudiantes, en lugar de estudiantes que se amolden a las escuelas. La escuela será un lugar donde los estudiantes descubran qué quieren de la vida y donde construyan una base sólida que les permitan hacer realidad su potencial en sus propios términos. Estas escuelas dejarán de lado la comparación y se enfocarán en el refinamiento continuo de las habilidades de los estudiantes con un propósito determinado. Quizás la respuesta al problema 2-sigma de Bloom es tener a niños enseñando y aprendiendo unos de otros con el apoyo de educadores, una alternativa viable a las tutorías uno a uno. La escuela así se convierte en una inteligencia colectiva que refuerza la inteligencia biológica, así como internet es una inteligencia colectiva que refuerza la inteligencia artificial.

A lo largo de la última década he visto a niños que anhelan controlar su destino, hacer lo que aman y tener flexibilidad. Para la mayoría de ellos, esas oportunidades son más importantes que un salario alto. Quizás por eso tantas personas están convirtiéndose en *freelancers*, tomando trabajos basados en contratos con flexibilidad horaria, requisitos de alta calidad y autogestión, y que requieren conocimientos prácticos financieros, legales, de ventas y de marketing. En 2019, en EE. UU. se registró un aumento de 78% en los ingresos de los *freelancers*, y 34% de los trabajadores del país hizo al menos algo de *freelancing*[81].

La escuela que Einstein amó lo trataba como un individuo, respetaba sus características personales, no requería memorización o repetición, fomentaba el pensamiento independiente y la responsabilidad y vinculaba el aprendizaje a la pasión de cada estudiante. A lo largo de su vida, Einstein tendió a no respetar las figuras de autoridad, sobre todo a los maestros. ¡Sin embargo, en la escuela cantonal los amaba! Ahora es claro por qué.

> "Es imposible,' dijo el orgullo.
> 'Es arriesgado,' dijo la experiencia.
> 'No tiene sentido,' dijo la razón.
> 'Inténtalo,' susurró el corazón".
>
> ~**Autor desconocido**

El Dr. Albert Bandura dijo en 1986: "Las personas que desarrollan sus competencias, habilidades de autorregulación y creencias habilitantes en su propia eficacia pueden generar más amplitud de opciones que expanden su libertad de acción, y son más exitosas en lograr futuros deseados que aquellas con recursos de autonomía menos desarrollados"[82].

En otras palabras, las personas con altos niveles de autonomía serán en la vida quien quieran ser.

La Educación Relacional ofrece un camino para la transición desde la escolarización convencional hacia una escuela con el único propósito de fomentar el máximo nivel de logro humano. El sistema puede coexistir con el currículo y los requerimientos de calificaciones de hoy. También puede ser usado en contextos escolares que están evolucionando hacia otros modelos. ¿Suena imposible? No lo es. Entre lo posible y lo imposible hay un proceso efectivo: la Educación Relacional hace posible una nueva forma de aprendizaje dentro de los sistemas escolares actuales.

A esta altura tienes dos opciones. La primera es no hacer nada. Si no haces nada con la información que has aprendido en este libro: ¿qué obtendrás? Nada. La segunda opción es dar un salto de fe, comenzar a usar la Educación Relacional con tus estudiantes y ver cómo funciona para ti. ¡Si haces solo la MITAD de lo que digo en este libro, tu esfuerzo de practicar lo que has aprendido se pagará apenas tus estudiantes empiecen a usar el paso 1 por sí mismos!

¿Crees que podrías tener éxito siguiendo la Educación Relacional? Imagínate este escenario: usaste lo que te mostré en los pasos 1 y 2 y lograste que tus estudiantes entendieran claramente de qué son capaces y que aprendieran desde su propio punto de partida. Luego aplicaste lo que compartí en los pasos 3 y 4, lograste que se entusiasmaran con la idea de encontrando recursos alineados con lo que aman y los viste desarrollar las habilidades blandas que los beneficiarán de por vida. Luego usaste los pasos 5 y 6 y lograste que resolvieran problemas por su cuenta usando lo que acababan de aprender y ahora ves que tienen mayor autoestima, perseverancia y responsabilidad. Déjame hacerte la pregunta más importante: ¿crees que tus estudiantes amarán aprender, podrán emprender por sí mismo, desarrollarán motivación intrínseca y autonomía de aprendizaje y serán por consiguiente exitosos en la vida?

Quiero que pienses en ese estudiante tuyo a quien le está costando en este momento y quien más se beneficiaría de tu aplicación de lo que has aprendido en este libro. ¿Cuánto significaría para ti que ese estudiante de pronto encontrara su pasión por aprender y nunca más tuviera dificultades para aprender? ¿Cuánto significaría para ese estudiante? Ahora multiplica eso por todos los estudiantes a quienes enseñas y sobre quienes influyes cada día.

Creo que llegaste al final de este libro porque tienes un deseo ardiente de nunca dejar de desarrollarte. Tienes una vocación de fomentar el potencial humano. Creo que quienes tienen el privilegio de estar en tu clase en este momento están ahí por una razón. Estos estudiantes podrían estar en cualquier otra escuela, aula u hogar. ¿Pero sabes qué? Están en tu aula. Tienes la tarea y el privilegio de desarrollar el potencial humano que tienes frente a ti.

He trabajado con educadores, líderes y padres en escuelas rurales y urbanas, con y sin tecnología, con currículos y sistemas de calificaciones estrictos, ricos y pobres. Así que muchos maestros y líderes educativos con menos recursos me podrían haber dicho: "Este sistema funciona para estudiantes ricos, no para los nuestros". En cambio, tuvieron la humildad de aprender y de descubrir cómo aplicarlo con sus estudiantes. Darse cuenta puede tardar un tiempo hasta que todas las prácticas estén donde deben estar, pero cuando ocurre, ¡los resultados son inimaginables!

Cada paso de esta práctica aumenta la probabilidad de éxito de tus estudiantes porque estás descubriendo un proceso sistemático para que ocurra. Así es como cumples con tu vocación. Así es como desarrollas el potencial humano. Este preciso momento puede ser el más importante de tu carrera, la mayor realización de tu vida. Y esto te importa a ti y me importa a mí; pero sobre todo les importa a los estudiantes y al mundo. Así que prende tu chispa, encuentra tu voz y conviértete en el educador que los estudiantes necesitan hoy. Manos a la obra.

Estos son los primeros pasos:

1. Planea construir desde donde estés, no tirar todo por la borda y empezar de cero.

2. Reconéctate con tu propia pasión y recuerda los momentos en que te entusiasmó aprender.

3. Invierte en desarrollo profesional continuo y relevante.

4. Deja de lado ideas preconcebidas sobre los recursos necesarios para que los estudiantes tengan éxito y decídete a probar algo nuevo.

5. Haz que tus estudiantes comiencen con el paso 1: establecer metas y planear.

6. Enfócate en el progreso, no en la perfección.

Cada día agradezco por los educadores que ya están capacitando a sus estudiantes para que lleguen a su máximo potencial. Están genuinamente comprometidos a ser mejores mañana de lo que son hoy. Ellos ven posibilidades en sus mentes, tienen la osadía de actuar y ven a sus estudiantes disfrutar de un aprendizaje más profundo y efectivo. Entienden que el destino es importante, pero el significado que los estudiantes le asignan al trayecto es aún más importante.

Esta es mi invitación a que seas parte de esta comunidad educativa; a que, con humildad, te sumes a la tarea de comprender la Educación Relacional y a usarla en tus clases: acepta crecer a partir de donde tú estás y de donde están tus estudiantes.

Tu experiencia y tu entrenamiento te trajeron hasta este punto y te brindaron las bases para tu crecimiento. Crece sobre ello mejorando el proceso de aprendizaje. Escucha lo que te está diciendo tu corazón en este momento y actúa. Toma un simple paso a la vez y disfruta pequeños éxitos cada día para llegar al destino que ansías. Esta es la obra de tu vida, tu marca en el mundo. Comprométete a ser lo mejor que puedas, no solo a hacer lo mejor que puedas. Estás preparando a tus estudiantes para hacer lo mismo: para que cada uno pueda, a su manera, convertirse en Einstein.

AGRADECIMIENTOS

"La gratitud es el máximo estado para recibir".
—Dr. Joe Dispenza

Esta obra comenzó con años de escribir artículos, que mi amado esposo Brian me editaba, hasta que estuve preparada para escribir un libro. Estoy agradecida por mi trayectoria de vida hasta aquí, y por aquellos con quienes trabajé e interactué en el camino, lo que me preparó para este momento y para compartir estas palabras contigo.

Gracias a la Dra. Bena Kallick, una reconocida autora ella misma, por animarme y motivarme a escribir este libro. Un enorme agradecimiento a mi equipo en Learning One to One: este trabajo sería imposible sin ellos. Gracias a mis queridos amigos y primeros editores, quienes compartieron conmigo con sinceridad sus opiniones sobre el manuscrito y me apoyaron en este camino de mejora continua: Amy Anderson, Jerry Haar, Carol Carter, German Escorcia, Barbara Bibas Montero, William Burdette, Judy Perez, Leonardo Garnier, Virginia Emmons, Marcelo Cabrol, Terry Torok, Chip Lunsford y Sergio Godinho. Un gran muchas gracias para mis queridas amigas Ania Rodriguez y Renee Lopez-Cantera por sus consejos técnicos.

Mi gratitud infinita a los miles de educadores con quienes he tenido el honor de trabajar y que me inspiraron en todos estos años.

Un agradecimiento especial a los maestros que compartieron conmigo sus historias para este libro: Ashley Delgado, Nicole Warner, Pauline Yoshizumi, Milton Nettles y Chanel Williams. Un agradecimiento especial para Kristi Oda por su apoyo.

Gracias a la MLS (Major League Soccer) por asignar a mi esposo como árbitro en partidos durante los fines de semana. Usé sabiamente ese tiempo para trabajar en este libro.

Mi gratitud a mi familia, cuyo amor es mi inspiración para ser una persona mejor cada día. Mi amor y gratitud infinitos para mi esposo Brian, mi principal apoyo y animador, con quien la vida es la mayor aventura.

Mirando hacia adelante, mi corazón está lleno de gratitud por los educadores, líderes y padres que serán inspirados por este libro y por las vidas de los estudiantes que serán impactadas. Que este sea mi máximo estado de recibir.

SOBRE LA AUTORA

Erika Twani es una entusiasta de la educación y una optimista enfocada en un mundo mejor, construido por humanos con habilidades prácticas y propósito de vida. Es cofundadora y CEO de Learning One to One; allí, junto con expertos, explora maneras de fomentar el logro humano a través de la Educación Relacional. El sistema se basa en la aplicación de neurociencia, psicología, filosofía, pedagogía y tecnología. Su filosofía es simplificar conceptos complejos y hacerlos útiles para todos, empezando por los niños.

Erika ha aconsejado a gobiernos y líderes educativos alrededor del mundo respecto del uso de la tecnología en educación, sobre lo que ha escrito varios artículos, y ha trabajado con escuelas públicas y privadas para guiar en el uso práctico de la Educación Relacional. Llevó a Learning One to One a cinco países tan solo en su primer año, impactando las vidas de más de 100.000 estudiantes.

Antes de cofundar Learning One to One, Erika era directora para la industria de la educación para distintos países de las Américas en Microsoft. Bajo su liderazgo, el programa de la compañía Alianza por la Educación capacitó a 90.000 educadores por año en tecnología, además de ventas y mercadeo. Antes de eso, trabajó en el *Unlimited Potential Group* del gigante de la tecnología, ayudando a que la tecnología llegara a comunidades relegadas, por lo cual Microsoft la premió con su Círculo de Excelencia. Previo a eso, Erika trabajó en Oracle, y antes de Oracle fundó y lideró su propia compañía de tecnología.

La innovación en educación generalmente ocurre en compartimentos estancos, y Erika quiere empoderar a los educadores para sacarla de allí y escalarla. Para hacerlo, ella usa las miradas, habilidades y experiencia de más de 20 años de trabajo en corporaciones de tecnología, lo que le permitió dar forma a productos y servicios que pudieran ser escalados globalmente. La experiencia corporativa le ha dado a Erika una clara comprensión de los desafíos de las organizaciones para motivar a empleados, fomentar la creatividad y crear relaciones de larga duración con consumidores y socios, más allá de sus ubicaciones geográficas.

Las corporaciones se benefician de los mismos principios que Erika identifica en su obra, al implementar procesos simples de aprendizaje y desarrollo de habilidades que contribuyen a que las personas puedan crecer, tener motivación intrínseca y encontrar propósito en sus vidas. Consecuentemente, los logros individuales resultan en el éxito de la organización.

Además de escritora, Erika es una oradora internacional, consejera, ávida lectora y aventurera. Sobre todo, es una estudiante, comprometida a invertir 20% de su tiempo a aprender. Su organización trabaja con escuelas e instituciones alrededor del mundo brindando desarrollo profesional, consultoría y tecnología educativa. Cuenta con un grado en ingeniería de sistemas y un MBA en emprendimiento. Es miembro de diversos directorios. Erika vive en Fort Lauderdale, Florida, EE. UU., con su esposo Brian.

REFERENCIAS

CAPÍTULO 1

1. Isaacson, W. 2007. *Einstein: His Life and Universe.* New York, NY: Simon & Schuster. [Hay edición en español: *Einstein. Su vida y universo.* Random House Mondadori, 2008].

2. Entrevista a Carl Sagan en TVO. Accedido el 3 de noviembre de 2020. https://www.youtube.com/watch?v=acBRahW5c-A.

3. Steinberg, L. 1996. *Beyond the Classroom [Más allá del aula].* New York, NY: Simon & Schuster.

4. Kun-Hsing MD, Y.; Miron, O.; Wilf-Miron, R.; et al. 2019. *Suicide Rates Among Adolescents and Young Adults in the United States, 2000–2017 [Tasas de suicidio entre adolescentes y adultos jóvenes en Estados Unidos, 2000–2017].* Research Letter, 18 de junio de 2019. JAMA Network.

    Curtin MA, S. C.; Heron, M. 2019. *Death Rates Due to Suicide and Homicide Among Persons Aged 10–24: United States, 2000–2017. [Tasas de suicidio y homicidio en personas de 10 a 24 años de edad: Estados Unidos, 2000–2017]* NCHS Data Brief, No. 352, October 2019.

    American Foundation for Suicide Prevention. Estadísticas de suicidio. Accedido el 3 de noviembre de 2020. https://afsp.org/suicide-statistics/.

5. De Guimps, R. 1890. *Pestalozzi, His Life and Work.* New York, NY: D. Appleton and Company. [Hay edición en español: *Vida y obra de Pestalozzi.* Futuro, 1944].

6. Isaacson, W. 2007. *Einstein: His Life and Universe.* New York, NY: Simon & Schuster. [Hay edición en español: *Einstein. Su vida y universo.* Random House Mondadori, 2008].

CAPÍTULO 2

7. Horacio, Epístolas, II, 2, 187–189.

8. Galton, F. 1869. *Hereditary Genius: An Inquiry Into Its Laws and Consequences* [*El genio hereditario: una indagación sobre sus leyes y consecuencias*]. London: Macmillan and Co.

9. Wolf, T. H. 1973. *Alfred Binet.* Chicago, IL: The University of Chicago Press.

10. Spektorowski, A.; Ireni-Saban, L. 2013. *Politics of Eugenics: Productionism, Population, and National Welfare* [*La política de la eugenesia: produccionismo, población y bienestar nacional*]. London: Routledge.

11. Cox Miles, C.; Terman, L. M. 1926. *Genetic Studies of Genius. Vol. 2: The Early Mental Traits of 300 Geniuses* [*Estudios genéticos de la genialidad. Vol. 2: las características mentales tempranas de 300 genios*]. Stanford, CA: Stanford University Press.

12. Wechsler, D. 1939. The *Measurement of Adult Intelligence* [*La medición de la inteligencia adulta*] (Primera ed.). Baltimore, MD: Williams & Witkins.

13. Jarman, B.; Land, G. 1993. *Breakpoint and Beyond: Mastering the Future Today.* New York, NY: HarperBusiness. [Hay edición en español: *Más allá del cambio: dominando el futuro hoy.* Granica, México, 2001].

14. Harlow, J. M.; Massachusetts Medical Society. 1869. *Recovery from the Passage of an Iron Bar through the Head* [*Recuperación tras el pasaje de una barra de hierro por la cabeza*]. Boston: David Clapp & Son.
    Bigelow, H. J. 1850. *Dr. Harlow's Case of Recovery from the Passage of an Iron Bar through the Head* [*El caso del Dr. Harlow de recuperación tras*

el pasaje de una barra de hierro por la cabeza]. London: American Journal of the Medical Sciences. 20 n.s. (39): 13–22.

15. Davitz, J. R.; Beldoch, M.; Blau, S. 1964. *The Communication of Emotional Meaning* [*La comunicación del significado emocional*]. New York, NY: McGraw-Hill.

16. Goleman, D. 2005. *Emotional Intelligence*. New York, NY: Penguin Random House. [Hay edición en español: *La inteligencia emocional*. Javier Vergara Editor, 1995].

17. Goleman, D. 2005. *Emotional Intelligence*. New York, NY: Penguin Random House. [Hay edición en español: *La inteligencia emocional*. Javier Vergara Editor, 1995].

    Bradberry, T.; Greaves, J. 2009. *Emotional Intelligence 2.0*. San Diego, CA: TalentSmart. [Hay edición en español: *Inteligencia emocional 2.0. Estrategias para conocer y aumentar su coeficiente*. CONECTA, 2012].

18. Durlak, J.; Weissberg, R. P.; Dymnicki, A. B.; Taylor, R. D.; Schellinger, K. B. 2011. *The Impact of Enhancing Students' Social and Emotional Learning: A Meta-Analysis of School-Based Universal Interventions* [*El impacto de fortalecer el aprendizaje social y emocional de los estudiantes. Un meta-análisis de intervenciones universales basadas en escuelas*]. Journal of Experiential Education. Volume 34 Issue 2.

    Van Rooy, D.; Viswesvaran, C. 2004. *Emotional intelligence: A meta-analytic investigation of predictive validity and nomological net* [*Inteligencia emocional. Una investigación meta-analítica de validez predictiva y red nomológica*]. Journal of Vocational Behavior. 65 (1): 71–95.

19. Muro, M.; Whiton, J.; Maxim, R. 2019. *What Jobs are Affected by AI?* [*¿Cuáles trabajos son afectados por la IA?*] Metropolitan Policy Program at Brookings Institute.

20. Hanushek, E. A.; Jamison, D. T.; Jamison, E. A.; Woessmann, L. 2008. *Education and Economic Growth* [*Educación y crecimiento económico*]. Education Next, Spring 2008.

CAPÍTULO 3

21. Podolsky, A.; Kini, T.; Bishop, J.; Darling-Hammond, L. 2016. *Solving the Teacher Shortage: How to Attract and Retain Excellent Educators* [*Resolviendo la falta de maestros: cómo atraer y retener educadores excelentes*]. Palo Alto, CA: Learning Policy Institute.

22. Hussar, W. J.; Bailey, T. M. 2020. *Projections of Education Statistics to 2028* [*Proyecciones de estadísticas educativas a 2028*]. National Center for Education Statistics. Accedido el 3 de noviembre de 2020. https://nces.ed.gov/pubsearch/pubsinfo.asp?pubid=2020024.

CAPÍTULO 4

23. Isaacson, W. 2007. *Einstein: His Life and Universe*. New York, NY: Simon & Schuster. [Editado en español como *Einstein. Su vida y universo*. Random House Mondadori, 2008].

24. Dispenza, J. 2008. *Evolve Your Brain: The Science of Changing Your Mind*. Deerfield Beach, FL: Health Communications, Inc. [Hay edición en español: *Desarrolle su cerebro. La ciencia para cambiar la mente*. Kier, 2008].

25. Bedell, G. 2016. *Teenage Mental-Health Crisis: Rates of Depression Have Soared in Past 25 Years* [*Crisis de salud mental adolescente. Las tasas de depresión se dispararon en los últimos 25 años*]. Independent, 27 de febrero de 2016.

26. Fleming, S. 2019. *This is the World's Biggest Mental Health Problem—and You Might not Have Heard of It* [*Este es el mayor problema de salud mental del mundo: y es posible que no lo sepas*]. World Economic Forum, 14 de enero de 2019.

    Mental health in the workplace [*La salud mental en el trabajo*]. 2019. World Economic Forum. Accedido el 3 de noviembre de 2020. https://www.who.int/mental_health/in_the_workplace/en/

27. Dispenza, J. 2008. *Evolve Your Brain: The Science of Changing Your Mind*. Deerfield Beach, FL: Health Communications, Inc. [Hay edición en español: *Desarrolle su cerebro. La ciencia para cambiar la mente*. Kier, 2008].

Heron, M. 2019. *Deaths: Leading Causes for 2017* [*Muerte: causas principales en 2017*]. U.S. Department of Health and Human Services, Centers for Disease Control and Prevention, National Center for Health Statistics, National Vital Statistics System. National Statistics Reports, Volume 68, No. 6.

Celano M.D., C.; Villegas M.D., A.; Albanese B.A., A.; Gaggin M.D., M.P.H., H.; Huffman M.D., J. 2019. *Depression and Anxiety in Heart Failure: a Review* [*Depresión y ansiedad en fallos cardíacos: una revisión*]. Harv Rev Psychiatry. 2018 Jul-Aug; 26(4): 175–184.

28. *Mental health in the workplace* [*La salud mental en el trabajo*]. 2019. World Economic Forum. Accedido el 3 de noviembre de 2020. https://www.who.int/mental_health/in_the_workplace/en/.

29. Bonfanti, L.; Parolisi, R.; La Rosa, C. 2020. *Brain Structural Plasticity: From Adult Neurogenesis to Immature Neurons* [*Plasticidad estructural del cerebro: de neurogénesis adulta a neuronas inmaduras*]. Frontiers in Neuroscience, 4 de febrero de 2020.

30. Dweck, C. 2006. *Mindset: The New Psychology of Success*. New York, NY: Random House Publishing Group. [Hay edición en español: *Mindset. La Actitud del Éxito*. Editorial Sirio, 2017].

31. Bandura, A. 1986. *Social Foundations of Thought and Action: A Social Cognitive Theory*. Englewood Cliffs, N.J.: Prentice-Hall. [Hay edición en español: *Pensamiento y acción. Fundamentos sociales*. Martínez Roca, 1987].

Bandura, A. 2008. *Social cognitive theory of mass communication* [*Teoría sociocognitiva de la comunicación de masas*]. En J. Bryant & M. B. Oliver (Eds.), *Media Effects: Advances in Theory and Research* [*Efectos mediáticos: avances en teoría e investigación*] (pp. 94–124). New York, NY: Routledge.

Bandura, A. 1993. *Perceived Self-Efficacy in Cognitive Development and Functioning* [*Autoeficacia percibida en el desarrollo y el funcionamiento cognitivo*]. Educational Psychologist. 28 (2): 117–148.

Bandura, A., ed. 1995. *Frontmatter*. [*Material inicial*]. En *Self-Efficacy in Changing Societies, i-iv*. Cambridge: Cambridge University Press. [Hay edición en español: *Autoeficacia: cómo afrontamos los cambios de la sociedad actual*. Desclée de Brouwer, 1999].

CAPÍTULO 5

32. Episodio de *The Jetsons* [*Los Supersónicos*] de Hanna Barbera. Accedido el 3 de noviembre de 2020. https://www.youtube.com/watch?v=EjSEvr iQmgw&list=PLXeLD1jAJhNhwejkud1GedCgj_ewRIE2Y&index=2.

33. Dispenza, J. 2008. *Evolve Your Brain: The Science of Changing Your Mind.* Deerfield Beach, FL: Health Communications, Inc. [Hay edición en español: *Desarrolle su cerebro. La ciencia para cambiar la mente.* Kier, 2008].
    Duhigg, C. 2014. *The Power of Habit: Why We Do What We Do in Life and Business.* New York, NY: Random House. [Hay edición en español: *El Poder de Los Hábitos. Por Qué Hacemos lo Que Hacemos en la Vida y Los Negocios.* Prh Grupo Editorial, 2019].
    Polk, T. A. 2018. *The Learning Brain* [*El cerebro que aprende*]. The Great Courses.

34. Dispenza, J. 2008. *Evolve Your Brain: The Science of Changing Your Mind.* Deerfield Beach, FL: Health Communications, Inc. [Hay edición en español: *Desarrolle su cerebro. La ciencia para cambiar la mente.* Kier, 2008].
    Kotulak, R. 1997. *Inside the Brain: Revolutionary discoveries of how the mind works.* Kansas City, KS: Andrews McMeel Publishing. [Hay edición en español: *El cerebro por dentro.* Diana, 2003].

35. *Scrabble Classique de Compétition.* Accedido el 3 de noviembre de 2020. https://www.fisf.net/competitions/scrabble-classique.html

36. Rand, D.; Cohen, J. 2017. *The Rise and Fall of Cognitive Control* [*Auge y caída del control cognitivo*]. Behavioral Scientist Magazine, July 7, 2017.

37. Duhigg, C. 2014. *The Power of Habit: Why We Do What We Do in Life and Business.* New York, NY: Random House. [Hay edición en español: *El Poder de Los Hábitos. Por Qué Hacemos lo Que Hacemos en la Vida y Los Negocios.* Prh Grupo Editorial, 2019].
    McGonigal, K. 2011. *The Willpower Instinct: How Self-Control Works, Why It Matters, and What You Can Do to Get More of It.* New York, NY: Penguin Group. [Hay edición en español: *Autocontrol.* Ediciones Urano, 2012].

38. Aristizabal, P. 2018. *Educación Aumentada en la Era de la Exponencialidad.* Buenos Aires, Argentina.

39. Costa, A.; Kallick, B. 2008. *Learning and Leading with Habits of Mind: 16 essential characteristics for success* [*Aprender y liderar con hábitos de la mente: 16 características esenciales para el éxito*]. Alexandria, VA: ASCD.

40. Para referencia: 7 horas por día, por 200 días al año por 12 años equivale a 16.800 horas.

41. Albert Einstein decía eso en relación a la ciencia, con un pequeño cambio. Viene de la Biblia, Romanos 8:19 "Porque el anhelo ardiente de la creación es el aguardar la manifestación de los hijos de Dios".

CAPÍTULO 6

42. Sanders, R. 2016. *'Neural Dust' Could Treat the Body from Inside* [*El 'polvo neuronal' podría tratar al cuerpo desde dentro*]. University of California, Berkeley. Accedido el 3 de noviembre de 2020. https://www.universityofcalifornia.edu/news/neural-dust-could-treat-body-inside.

43. Matthews, C. 2017. *Spending on AI to Reach $46 Billion in 2020* [*El gasto en IA llegaría a $46.000 millones en 2020*]. Axios, Economy & Business, 19 de abril de 2017. Accedido el 3 de noviembre de 2020. https://www.axios.com/spending-on-ai-to-reach-46-billion-in-2020-1513301689-a3c07136-46be-47a5-8e95-6e7c4725939d.html.

    Hupfer, S.; Jarvis, D.; Loucks, J.; Murphy, T. 2019. *Future in the Balance? How Countries Are Pursuing an AI Advantage* [*¿El futuro en juego? Cómo persiguen los países una ventaja en IA*]. Deloitte Insights, 1 de mayo de 2019. Accedido el 3 de noviembre de 2020. https://www2.deloitte.com/us/en/insights/focus/cognitive-technologies/ai-investment-by-country.html.

    Liu, S. 2020. *Artificial Intelligence Funding United States 2011–2019* [*Financiamiento de inteligencia artificial en Estados Unidos, 2011–2019*]. Accedido el 3 de noviembre de 2020. https://www.statista.com/statistics/672712/ai-funding-united-states/.

    Walch, K. 2020. *Why the Race for AI Dominance is More Global thank You Think* [*Por qué la carrera para dominar en IA es más global de lo que crees*]. Forbes Magazine, 9 de febrero de 2020. Accedido el 3 de noviembre de 2020. https://www.forbes.com/sites/cognitiveworld/2020/02/09/why-the-race-for-ai-dominance-is-more-global-than-you-think/#7b273227121f.

International Data Corporation. 2019. *Worldwide Spending on Artificial Intelligence Will Be Nearly $98 billion in 2023, According to IDC Spending Guide* [*El gasto total en inteligencia artificial será de casi $98.000 millones en 2023 según la Guía de Gastos de la IDC*]. IDC. 4 de septiembre de 2019. Accedido el 3 de noviembre de 2020. https://www.idc.com/getdoc.jsp?containerId=prUS45481219.

The United States of Artificial Intelligence Startups [*Los Estados Unidos de los startups de inteligencia artificial*}. Research Briefs, CBInsights. 16 de julio de 2020. Accedido el 3 de noviembre de 2020. https://www.cbinsights.com/research/artificial-intelligence-startup-us-map/.

44. U.S. Department of Education, National Center for Education Statistics. 2020. *The Condition of Education 2020* [*El Estado de la Educación*] (NCES 2020–144).

United States Census Bureau. 2019. *U.S. School Spending per Pupil Increased for Fifth consecutive Year.* [*El gasto escolar por estudiante en EE. UU. aumentó por quinto año consecutivo*]. U.S. Census Bureau Reports. 21 de mayo de 2019. Accedido el 3 de noviembre de 2020. https://www.census.gov/newsroom/press-releases/2019/school-spending.html.

45. Bandura, A. 2006. *Toward a Psychology of Human Agency* [*Hacia una psicología de la autonomía humana*]. Perspectives on Psychological Science, 1, 164–180.

Bandura, A. 2008. *The Reconstrual of "Free Will" from the Agentic Perspective of Social Cognitive Theory* [*La reconstrucción del 'libre alberdío' desde la perspectiva agéntica de la teoría social cognitiva*]. En J. Baer, J. C. Kaufman & R. F. Baumeister (Eds.), *Are We Free? Psychology and Free Will* [*¿Somos libres? Psicología y libre albedrío*] (pp. 86–127). Oxford: Oxford University Press.

Bandura, A. 2017. *Toward a Psychology of Human Agency: Pathways and Reflections.* [*Hacia una psicología de la autonomía humana. Senderos y reflexiones*]. Perspectives on Psychological Science.

Bandura, A. 1989. *Human Agency in Social Cognitive Theory* [*La autonomía humana en la teoría social cognitiva*]. American Psychologist, 44, 1175–1184.

Bandura, A. 2006. *Toward a Psychology of Human Agency* [*Hacia una psicología de la autonomía humana*]. Perspectives on Psychological Science, 1, 164–180.

Bandura, A. 2001. *Social Cognitive Theory: An Agentic Perspective* [*Teoría social cognitiva: una perspectiva agéntica*]. Annual review of psychology (Vol. 52, pp. 1–26). Palo Alto: Annual Reviews, Inc.

Bandura, A. 1982. *Self-Efficacy Mechanism in Human Agency* [*El mecanismo de autoeficacia en la autonomía humana*]. American Psychologist, 37, 122–147.

CAPÍTULO 7

46. Sadie, S., ed. 1992. *The New Grove Dictionary of Opera* [*El nuevo diccionario Grove de la Ópera*]. London: Mcmillan Reference.

47. Solomon, M. 1995. *Mozart: A Life* [*Mozart: una vida*] *(1ª ed.)* New York: HarperCollins.

48. Spaethling, R. 2005. *Mozart's Letters, Mozart's Life: Selected Letters* [*Las cartas de Mozart, la vida de Mozart: cartas seleccionadas*]. New York: W.W. Norton & Co.

49. Solomon, M. 1995. *Mozart: A Life* [*Mozart: una vida*] *(1ª ed.)* New York: HarperCollins.

50. Bandura, A. 2006. *Toward a Psychology of Human Agency* [*Hacia una psicología de la autonomía humana*]. Perspectives on Psychological Science, 1, 164–180.

Fontan, J.; Twani, E. 2009. *El potencial adormecido.* Sao Paulo: Anais EDUTEC. Disponible en https://www.learning1to1.net/articulos.

Dweck, C. 2006. *Mindset: The New Psychology of Success.* New York, NY: Random House Publishing Group. [Hay edición en español: *Mindset. La Actitud del Éxito.* Editorial Sirio, 2017].

Duckworth, A. 2016. *Grit, The Power of Passion and Perseverance.* New York: Simon & Schuster. [Hay edición en español: *Grit. El poder de la pasión y la perseverancia.* Urano, 2017].

Pink, D. 2009. *Drive: The Surprising Truth about What Motivates Us.* New York, NY: Riverhead Books. [Hay edición en español: *La sorprendente verdad sobre qué nos motiva.* Gestión 2000, 2010].

Aronica, L.; Robinson, K. 2009. *The Element: How Finding Your Passion Changes Everything.* London: Penguin Books. [Hay edición en español: *El elemento.* Penguin Random House Grupo Editorial España, 2012].

Duhigg, C. 2016. *Smarter, Faster, Better: The Secrets of Being Productive in Life and Business.* New York, NY: Random House. [Hay edición en español: *Más agudo, más rápido y mejor. Los secretos para ser más productivo en la vida y en el trabajo.* Penguin Random House Grupo Editorial España, 2016].

51. Pink, D. 2009. *Drive: The Surprising Truth about What Motivates Us.* New York, NY: Riverhead Books. [Hay edición en español: *La sorprendente verdad sobre qué nos motiva.* Gestión 2000, 2010).

52. Duhigg, C. 2016. *Smarter, Faster, Better: The Secrets of Being Productive in Life and Business.* New York, NY: Random House. [Hay edición en español: *Más agudo, más rápido y mejor. Los secretos para ser más productivo en la vida y en el trabajo.* Penguin Random House Grupo Editorial España, 2016).

53. Bandura, A. 2006. *Toward a Psychology of Human Agency* [*Hacia una psicología de la autonomía humana*]. Perspectives on Psychological Science, 1, 164–180.

54. Dweck, C. 2006. *Mindset: The New Psychology of Success.* New York, NY: Random House Publishing Group. [Hay edición en español: *Mindset. La Actitud del Éxito.* Editorial Sirio, 2017].

Duckworth, A. 2016. *Grit, The Power of Passion and Perseverance.* New York: Simon & Schuster. [Hay edición en español: *Grit. El poder de la pasión y la perseverancia.* Urano, 2017].

Bandura, A. 2006. *Toward a Psychology of Human Agency* [*Hacia una psicología de la autonomía humana*]. Perspectives on Psychological Science, 1, 164–180.

55. Landon, H. C. R. 1990. *1791: Mozart's Last Year.* London: Flamingo. [Hay edición en español: *1791: El último año de Mozart.* Siruela, 2005].

CAPÍTULO 8

56. Caldicott, S.; Gelb, M. 2008. *Innovate Like Edison—the success system of America's greatest inventor* [*Innova como Edison: el sistema del éxito del mayor inventor norteamericano*]. New York: Penguin Group.

57. Edison's Papers, June 19, 1884. [*Los Papeles de Edison*, 19 de junio de 1884]. Accedido el 3 de noviembre de 2020. http://edison.rutgers.edu/NamesSearch/SingleDoc.php?DocId=D8429ZAO.

CAPÍTULO 9

58. Fontan, J.; Twani, E. 2009. *El potencial adormecido*. Sao Paulo: Anais EDUTEC. Disponible en https://www.learning1to1.net/articulos.
Fontan, J.; Twani, E. 2014. *A Glimpse of Fontan Relational Education* [*Una mirada general a la Educación Relacional Fontán*]. Fort Lauderdale, FL. Accedido el 3 de noviembre de 2020. https://www.learning1to1.net/articles.

59. diSessa, A. 2000. *Changing Minds: Computers, Learning, and Literacy* [*Mentes que cambian: computadoras, aprendizaje y alfabetización*]. Cambridge, MA: MIT Press.
Linn, M.; His, S. 2000. *Computers, Teachers, Peers: Science Learning Partners*. [*Computadoras, maestros, pares: socios en el aprendizaje de la ciencia*]. Mahwah, NJ: Lawrence Erlbaum Associates.

60. Bruner, J. S.; Olver, R. R.; Greenfield, P. M.; et al. 1966. *Studies in Cognitive Growth* [*Estudios sobre el crecimiento cognitivo*]. New York: John Wiley & Sons.

61. Lea, S. J., D. Stephenson; J. Troy 2003. *Higher Education Students' Attitudes to Student Centered Learning: Beyond 'educational bulimia.'* [*Actitudes de estudiantes de educación superior frente al aprendizaje centrado en el estudiante: más allá de la 'bulimia educativa'*]. Studies in Higher Education 28(3), 321–334.

62. Ericsson A.; Pool R. 2016. *Peak: Secrets from the New Science of Expertise*. New York, NY: Mifflin Harcourt Publishing Company. [Hay edición en

español: *Número uno. Secretos para ser mejor en lo que nos propongamos.* Penguin Random House Grupo Editorial España, 2017).

63. Gardner, H. 1993. *Multiple Intelligences: The Theory in Practice.* New York: Basic Books. (Hay edición en español: *Inteligencias múltiples. La teoría en la práctica.* Paidós, 2005).

64. Bandura, A. 1997. *Self-efficacy: The Exercise of Self-Control* [*Autoeficacia: el ejercicio del autocontrol*]. New York: W.H. Freeman.

65. Bloom, B. 1984. *The 2 Sigma Problem: The Search for Methods of Group Instruction as Effective as One to One Tutoring.* [*El problema 2 sigma: la búsqueda de métodos grupales de instrucción que sean tan efectivos como la tutoría uno a uno*]. Educational Researcher, 13(6), 4–16.

Ausubel, D. P.; Robinson, F. G. 1969. *School Learning: An Introduction to Educational Psychology* [*Aprendizaje escolar. Introducción a la psicología educacional*]. New York: Holt, Rinehart & Winston.

Marzano, R.J. 2003. *What Works in Schools: Translating Research Into Action* [*Lo que funciona en las escuelas: traduciendo la investigación a la acción*]. Alexandria, VA: ASCD.

66. Benson, P.; Voller, P. 1997. *Autonomy and Independence in Language Learning* [*Autonomía e independencia en el aprendizaje de lengua*]. New York, NY: Routledge.

67. Ausubel, D.; Novak, J. D.; Hanesian, H. 1968. *Educational Psychology: A Cognitive View* [*Psicología educativa: una mirada cognitiva*]. New York, NY: Holt, Rinehart and Winston.

68. Marzano, R. J.; Pickering, D. J.; Pollock, J. E. 2001. *Classroom instruction that works: Research-based strategies for increasing student achievement* [*Instrucción en el aula que funciona. Estrategias basadas en la investigación para mejorar el logro de los estudiantes*]. Alexandria, VA: Association for Supervision and Curriculum Development.

Beamish, J.; Trackman, T. 2019. *The Creative Brain* [*El cerebro creativo*]. New York, NY: New Balloon.

69. Fitts, P. M.; Posner, M. I. 1967. *Human performance.* Oxford: Brooks/Cole. (Hay edición en español: *El rendimiento humano.* Marfil, 1967).

70. Chambliss, D. 1989. *The mundanity of Excellence: An Ethnographic Report on Stratification and Olympic Swimmers* [*La mundanidad de la excelencia. Un informe etnográfico sobre estratificación y nadadores olímpicos*]. Hamilton College.

71. Dispenza, J. 2008. *Evolve Your Brain: The Science of Changing Your Mind.* Deerfield Beach, FL: Health Communications, Inc. [Hay edición en español: *Desarrolle su cerebro. La ciencia para cambiar la mente.* Kier, 2008].

72. Latham, G.; Locke, E. 2002. *Building a Practically Useful Theory of Goal Setting and Task Motivation: A 35-Year Odyssey* [*Construcción de una teoría de utilidad práctica sobre fijación de metas y motivación de tareas: una odisea de 35 años*]. American Psychologist 57, no. 9 (2002): 705–717.

Milne, S.; Orbell, S.; Sheeran, P. 2002. *Combining Motivational and Volitional Interventions to Promote Exercise Participation: Protection Motivation Theory and Implementation Intentions* [*Combinación de intervenciones motivacionales y volicionales para promover la participación en ejercicios: teoría de protección de motivación e intenciones de implementación*]. British Journal of Health Psychology 7 (May 2002): 163–184.

Calderon, S.; Charney, D. S.; Cohen, H.; Feder, A.; Kim, J. J.; Mathé, A. A.; Wu, G. 2013. *Understanding Resilience* [*Comprendiendo la resiliencia*]. Frontiers in Behavioral Science, 15 de febreror de 2013.

CAPÍTULO 10

73. Bandura, A. 2006. *Toward a Psychology of Human Agency* [*Hacia una psicología de la autonomía humana*]. Perspectives on Psychological Science, 1, 164–180.

Ericsson A.; Pool R. 2016. *Peak: Secrets from the New Science of Expertise.* New York, NY: Mifflin Harcourt Publishing Company. [Hay edición en español: *Número uno. Secretos para ser mejor en lo que nos propongamos.* Penguin Random House Grupo Editorial España, 2017].

CAPÍTULO 11

74. Bandura, A. 2006. *Toward a Psychology of Human Agency* [*Hacia una psicología de la autonomía humana*]. Perspectives on Psychological Science, 1, 164–180.

Pink, D. 2009. *Drive: The Surprising Truth about What Motivates Us.* New York, NY: Riverhead Books. [Hay edición en español: *La sorprendente verdad sobre qué nos motiva.* Gestión 2000, 2010].

75. Learn About Concept Maps [*Aprende sobre mapas conceptuales*]. IHMC. Accedido el 3 de noviembre de 2020. http://cmap.ihmc.us/docs/learn.php.

CAPÍTULO 13

76. Albers, D. J.; Alexanderson, G. L.; Reid, C., eds. 1990. *George B. Dantzig. More Mathematical People* [*George B. Dantzig. Personas más matemáticas*]. San Diego, CA: Harcourt Brace Jovanovich.

77. *Fast Facts: Back to School Statistics* [*Datos rápidos: estadísticas del regreso a la escuela*]. National Center for Education Statistics. Accedido el 3 de noviembre de 2020. https://nces.ed.gov/fastfacts/display.asp?id=372.

78. Ocean Cleanup [*Limpieza de los océanos*]. Accedido el 3 de noviembre de 2020. https://theoceancleanup.com/.

79. Wamsley, L. 2017. *Troubled By Flint Water Crisis, 11-Year-Old Girl Invents Lead-Detecting Device* [*Preocupada por la crisis del agua de Flint, niña de 11 años inventa dispositivo para detectar plomo*]. 20 de octubre de 2017. Accedido el 3 de noviembre de 2020. https://www.npr.org/sections/thetwo-way/2017/10/20/559071028/troubled-by-flint-water-crisis-11-year-old-girl-invents-lead-detecting-device.

80. Cameron, C. 2015. *Kenyan teenager converts his school's poop into safe, clean energy* [*Adolescente keniata convierte la caca de su escuela en energía segura y limpia*]. Accedido el 3 de noviembre de 2020. https://inhabitat.com/kenyan-student-converts-schools-waste-yes-poo-into-safe-clean-cooking-fuel/.

81. Gilchrist, K. 2019. *The 10 Countries with the Fastest-Growing Earnings for Freelancers* [*Los 10 países con mayor crecimiento de ingresos de freelancers*]. CNBC. 6 de agosto de 2019. Accedido el 3 de noviembre de 2020. https://www.cnbc.com/2019/08/07/the-10-countries-with-the-fastest-growing-earnings-for-freelancers.html.

Matthews, B. 2019. *Freelance Statistics: The Freelance Economy in Numbers.* [*Estadísticas freelance: la economía freelance en cifras*]. FreeTrain.

29 de agosto de 2019. Accedido el 3 de noviembre de 2020. https://benrmatthews.com/freelance-statistics/.

82. Bandura, A. 1986. *Social Foundations of Thought and Action: A Social Cognitive Theory.* Englewood Cliffs, N.J.: Prentice-Hall. [Hay edición en español: *Pensamiento y acción. Fundamentos sociales.* Martínez Roca, 1987].

   Bandura, A. 2006. *Toward a Psychology of Human Agency* [*Hacia una psicología de la autonomía humana*]. Perspectives on Psychological Science, 1, 164–180.

www.ingramcontent.com/pod-product-compliance
Lightning Source LLC
Chambersburg PA
CBHW032008050726
47590CB00006B/2087